Werken / Textiles Gestalten

6. Jahrgangsstufe

von Marianne Wollstein-Spatz

Handwerk und Technik · Hamburg

Vorwort

Das Buch zum neuen Fach **Werken/Textiles Gestalten** ist gemäß dem aktuellen Lehrplan des bayerischen Kultusministeriums aufgebaut und vermittelt Informationen zu den verschiedenen **Materialien** und **Techniken**. Die 6 Kapitel sind in sich abgeschlossen. In der Reihenfolge lösen sich die Techniken des Gestaltens und Werkens ab, um den Unterricht für die Schüler und Schülerinnen abwechslungsreich zu gestalten.
Die Abfolge der Kapitel kann von der Lehrerin/dem Lehrer je nach örtlichen und zeitlichen Gegebenheiten selbst bestimmt werden. Auch die Gewichtung und schwerpunktmäßige Vertiefung in den einzelnen Materialbereichen oder Techniken können, je nach Interessen und Wünschen der Schüler und Schülerinnen, vom Lehrer entsprechend bestimmt werden.

Jedes Kapitel beginnt mit einer Einstiegsseite, die in Wort und Bild die wesentlichen Inhalte auf einen Blick vermittelt. Informationen über

Material das **Material,**

Technik die **Technik,**

Ideen **Ideen** (und Anregungen) für die Gestaltung

werden durch ein farbiges Symbol, oben auf jeder Seite, gekennzeichnet.
Die letzte Seite jedes Kapitels ist als schülermotivierende und -aktivierende

! **Zusammenfassung**

gedacht.

Arbeitsaufträge

Die **Arbeitsaufträge** sind immer unterschiedlicher Art und veranlassen den Schüler zum Beobachten, zum Beschreiben, zum praktischen Üben und Experimentieren oder auch zum Nachdenken.

Die **Querverbindungen zu anderen Fächern** (oder Fächerverbindungen) werden mit einem Wegweiser und den Abkürzungen der entsprechenden Fächer ausgewiesen.

Auch auf geschichtliche Zusammenhänge zur Entstehung, Entwicklung oder Tradition von Material, Technik oder Gegenstand wird in den Kapiteln eingegangen.

Die vielfältigen Ideen, Abbildungen, Darstellungen und die Hinweise auf mögliche Werkstücke sollen nur als Anregung dienen und zur eigenen, individuellen Gestaltung motivieren.

ISBN 3.582.0**7292**.4

Verlag Handwerk und Technik G.m.b.H.,
Lademannbogen 135, 22339 Hamburg; Postfach 63 05 00, 22331 Hamburg – 1999
Umschlaggestaltung, Layout und Satz: Harro Wolter/Kjærsti Strindberg, Hamburg
Reproduktionen: Druckhaus zu Altenburg, Altenburg; Reprostudio Winterhude, Hamburg
Druck: Druckhaus zu Altenburg, Altenburg

Inhalt

Inhalt

Inhalt

Konstruktives Gestalten mit:

Metall

Inhalt

Verarbeiten textiler Flächen mit der

Nähmaschine

Von der Fläche zum Hohlkörper:
Papier • Pappe • Karton

Material

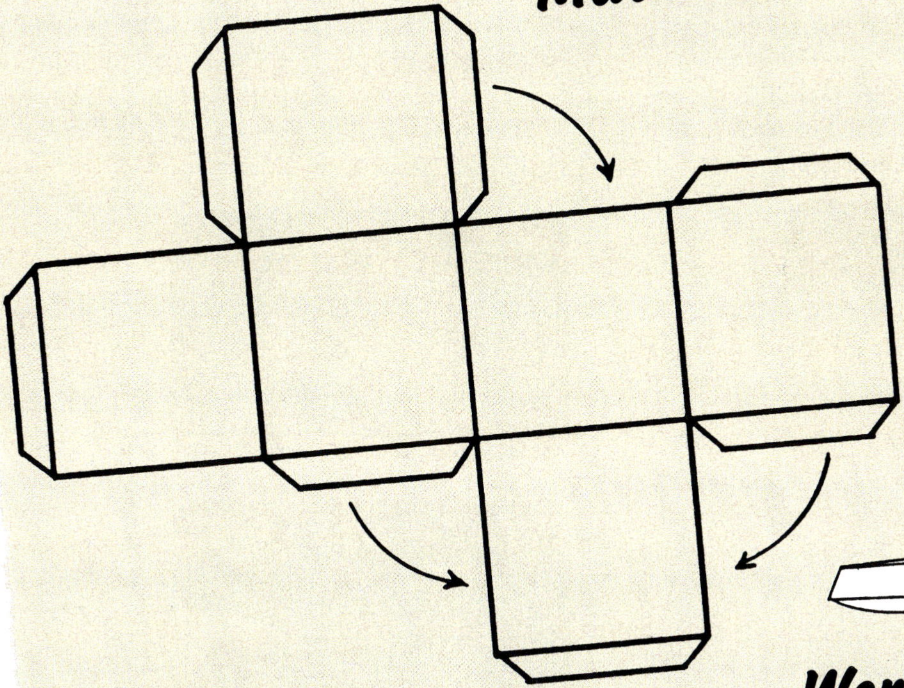

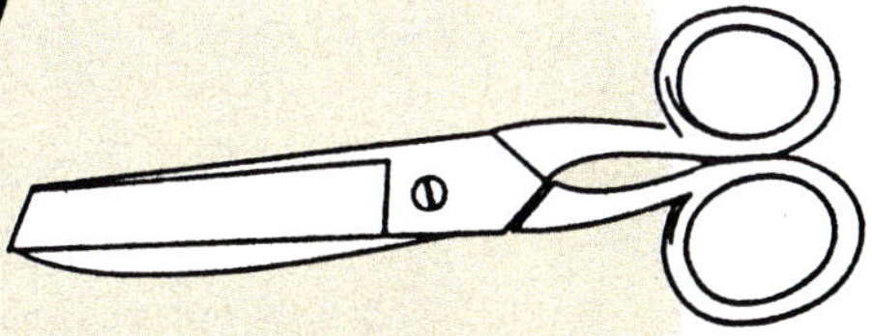

Werkzeug

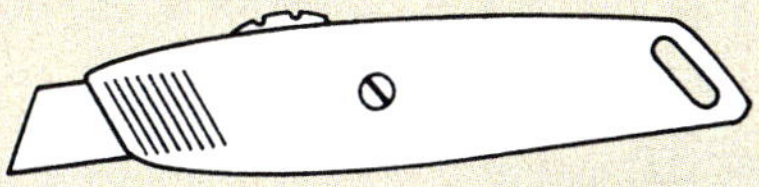

Technik

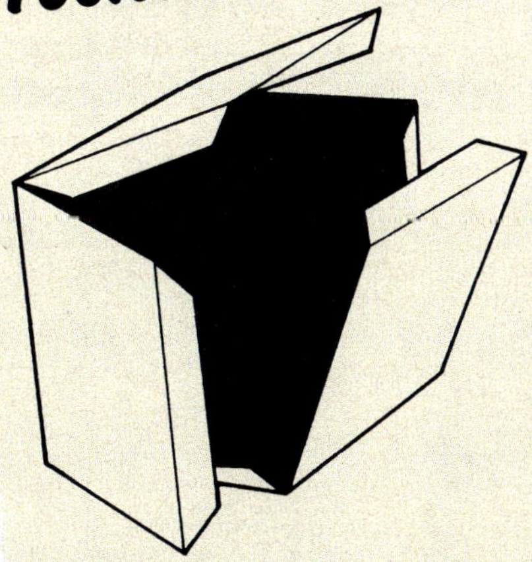

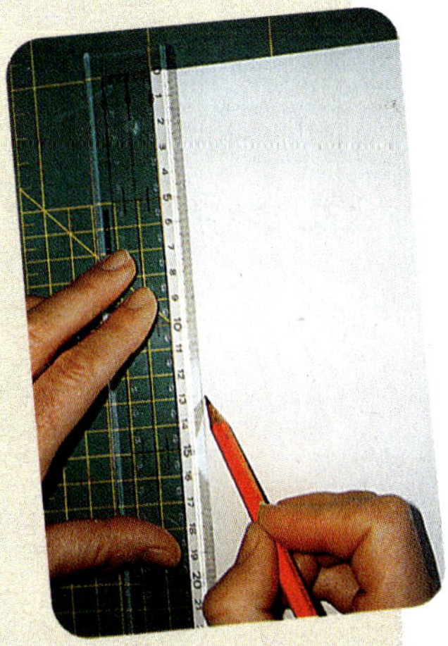

Gestaltung

Geschichtlicher Rückblick

Faltschnitte

Im Zeitalter der Aufklärung (geistige Bewegung im 18. Jahrhundert, hin zum logisch klaren liberalen Denken, es wurde auf allen geistigen Gebieten Toleranz angestrebt) gab es schon sog. „Verwandlungsbilderbücher", die ausgeschnittene und gefaltete Figuren enthielten. Beim Öffnen der Seiten wurden sie sichtbar, richteten sich auf oder waren in sich beweglich. Ursprünglich waren dies wissenschaftliche Lehrbücher, heute sind sie als Kinderbilderbücher sehr beliebt.

Verwandlungsbilderbuch

Papierspiele hatte Josef Albers 1925 im so genannten „Vorkurs" des Bauhauses (1919 in Weimar gegründete Lehr- und Forschungsanstalt für Architektur, bildende Künste und Handwerk) eingeführt. Das Interessante daran war, dass durch verschiedenartige Einschnitte und Faltungen das flächige Papier zu räumlichen, dreidimensionalen Gebilden wurde.

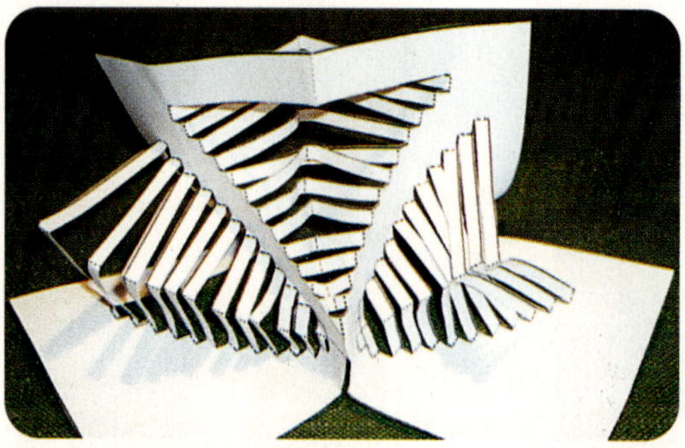

Faltschnitt

Geometrische Körper

Bereits aus der Frühphase der griechischen Kunst, 1100 – 900 vor Chr., sind geometrische Körper wie z. B. Vasen und Plastiken bekannt.

Die so genannten „platonischen Körper" haben ihre Bezeichnung von dem griechischen Philosophen Plato (Platon), der 427 – 347 vor Chr. gelebt hat.
Er erforschte die Gesetzmäßigkeit dieser fünf Körper. Jeder platonische Körper hat als Außenfläche genau die gleichen, regelmäßigen Vielecken, das heißt, alle Kanten und Winkel jeder Fläche sind gleich. Die bekannteste Form ist wohl der Würfel, ein von sechs Quadraten begrenzter Körper (gr./lat. = Kubus). Das griechische Wort cubos bedeutet z. B. Würfelspiel.

Industrielles Buntpapier

Selbst gestaltete Buntpapiere

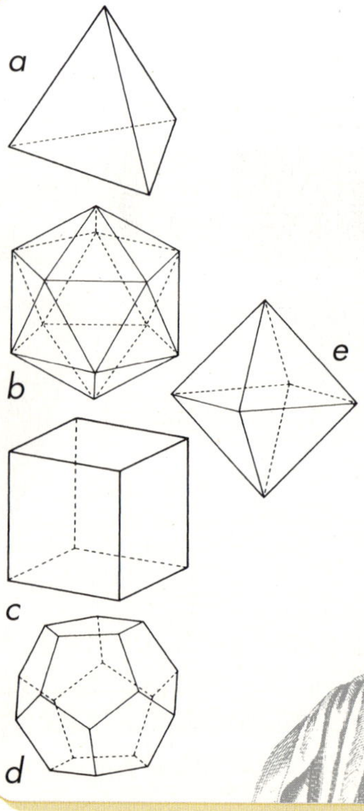

Platonische Körper:
- a *Tetraeder*
- b *Isokaeder*
- c *Würfel*
- d *Dodekaeder*
- e *Oktaeder*

Platon

Papier, Karton und Pappe

Gestaltete Buntpapiere

Papiere, die durch einseitiges Bedrucken, Streichen, Bemalen oder Auflegen auf einen Farbträger in verschiedenster Technik gestaltet wurden, bezeichnete man als Buntpapiere.
In der Stadtbibliothek in Nürnberg gibt es ein Rezeptbüchlein aus dem Jahre 1470 „Wie man farb macht auf papier".
Ursprünglich wurde das Buntpapier zum Beziehen von Schachteln, zum Auslegen von Schrankfächern oder als Tapete verwendet.
Im 16. Jahrhundert wurden Buntpapiere auch häufig als Einbände für Bücher verwendet, da Pergament- und Leder
einbände wesentlich teurer in der Herstellung waren. Marmoriertes Papier war erst 1650 in Deutschland bekannt. Nach der Herkunft wurde es auch „Türkisch Papier" genannt.
Die industrielle Herstellung der Buntpapiere lag im späten 18. Jahrhundert.
Das Herrnhuter Kleisterpapier war zu dieser Zeit sehr bekannt (Herrnhut ist eine Stadt im Lausitzer Bergland, damals mit aufstrebender Textil- und Holzindustrie). Industriell gefertigtes Buntpapier findest du heute überall. Selbst hergestelltes und gestaltetes Papier lässt die alte Handwerkskunst nicht in Vergessenheit geraten und man kann eigene Ideen und Vorstellungen verwirklichen.

Der Brieffmaler

Ein Brieffmaler bin aber ich/
Mit dem Penſel ſo nehr ich mich/
Anſtreich die Bildwerck ſo da ſtehnd/
Auff Papier oder Pergament/
Mit farben/und verhöchs mit Gold/
Den Patronen bin ich nicht hold/
Darmit man ſchlechte arbeit macht/
Darvon auch gringen lohn empfacht.

Papier

Papierarten unterscheiden sich durch verschiedene Ausgangsstoffe bei der Herstellung, z. B.:

Hadernpapier, hergestellt aus Hadern (Lumpen), ist sehr fest, die Oberfläche ist oft rau.
Verwendung: Büttenpapier, Aquarellpapier, Urkunden.

Holzfreies Papier, hergestellt aus Zellstoff, evtl. mit Hadern, hat eine feste, glatte gut geleimte Oberfläche, bei der die Tinte nicht verläuft.
Verwendung: Zeichenpapier, gutes Briefpapier, Dokumentenpapier.

Holzhaltiges Papier, hergestellt aus Holzschliff mit unterschiedlichem Zellstoffanteil, hat eine leicht raue Oberfläche und ist gut zu falten.
Verwendung: Zeitungspapier, Schreibpapier, Packpapier, Tonpapier, Buntpapiere.

Recyclingpapiere, hergestellt aus Altpapier mit Zusatz frischen Zellstoffs, ist braun bis grau, hat wenig reine Farben.
Verwendung: Zeitungspapier, Schreibpapier, Zeichenpapier, Packpapier, Tonpapier.

Tonpapiersortiment im Fachhandel

Karton und Pappe

Karton ist dünner und leichter als Pappe, aber stärker und schwerer als Papier.

Plakatkarton ist einseitig farbig, hat eine empfindliche Oberfläche und bricht leicht.

Plakatkarton

Papiereigenschaften

Zeichenkarton ist weiß oder farbig und hat eine gute Radierfähigkeit.
Fotokarton ist durchgefärbt und hat eine matte Oberfläche.

Aktendeckelkarton

Aktendeckelkarton hat eine blasse Farbtönung auf beiden Seiten.
Holzschliffpappe ist weiß, hart und brüchig.
Strohpappe ist gelbbraun, grob und sehr brüchig.
Wellpappe ist grau oder farbig, hat eine gewellte Oberfläche oder ist beidseitig abgedeckt.
Modellpappe ist ein Hartschaum, der beidseitig mit Karton beschichtet ist.
Graupappe ist grau, aus Altpapier hergestellt und mittelhart.

Papiereigenschaften

Papier, Karton und Pappe verändern sich oder ***„arbeiten"*** bei der Behandlung mit Feuchtigkeit. Sie ***wellen*** und ***dehnen sich aus,*** z. B. beim Bemalen mit Wasserfarben, Bestreichen mit Kleister oder mit Leim. Während des Trocknens ziehen sie sich wieder zusammen.
Die ***Laufrichtung*** des Papiers, der Pappe oder des Kartons kannst du durch verschiedene Testversuche feststellen (siehe Arbeitsauftrag). Bei der maschinellen Herstellung der verschiedenen

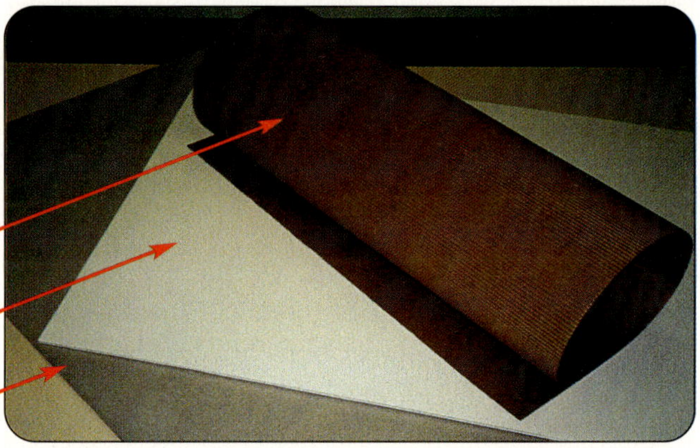

☞ Arbeitsauftrag

In der 5. Klasse hast du einiges über die Papierherstellung gelernt. Sicher weißt du auch über die genormten Papierformate, die so genannten DIN-A-Größen, Bescheid.

Vergleiche verschiedene Papierarten, Karton und Pappe hinsichtlich des Aussehens, der Schreib- und Falteigenschaften. Aus den Ergebnissen und deinen Erfahrungen kannst du die Verwendungsmöglichkeiten ableiten.

Befeuchte ein Blatt Schreibmaschinenpapier an der Längs- und Breitseite mit Wasser. Beobachte die Veränderung!

Bei der Reißprobe einmal in Längsrichtung und dann in der Querrichtung entstehen zwei sehr unterschiedliche Risse. Beachte die Rissbildung!

Auch beim Biegetest ist der Widerstand bei Kartons und bei Pappe in der Querrichtung größer als in der Längsrichtung. Überlege, warum das so ist!

Laufrichtung

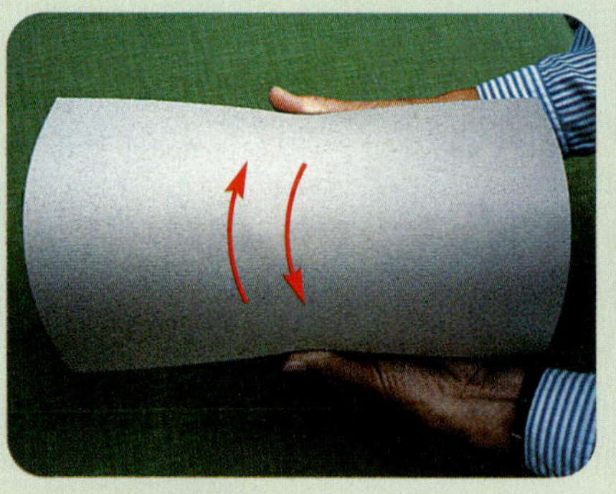

Biegeprobe

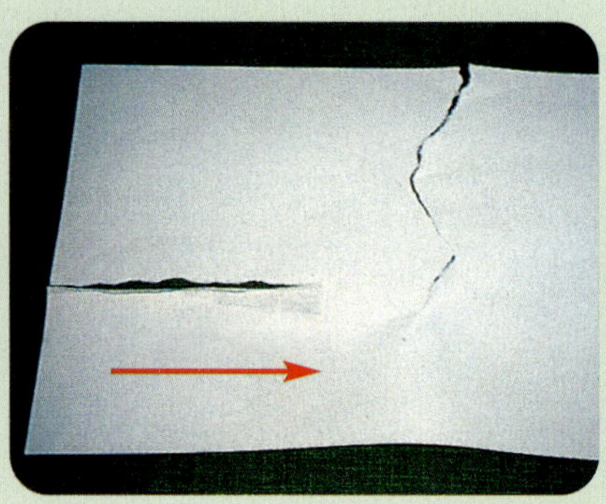

Reißprobe

Flächen formen

Papierwerkstoffe in der Fabrik wird die Papiermasse auf ein Rüttelsieb aufgetragen. Die Fasern der Masse richten sich durch das gleichmäßige Rütteln des Siebes in eine Richtung. In der ***Laufrichtung*** dehnt sich das Papier weniger aus als in der ***Quer- oder Dehnrichtung.***

Beachte: Die Laufrichtung der Papierarten ist für die Verarbeitung von Papier, Karton und Pappe sehr wichtig. Bei ungleicher Zusammensetzung können Spannungen entstehen!

Werkzeuge und Hilfsmittel

- Papierschere und Pappschere
- Buchbindermesser, Universalschneider
- Stahllineal, Falzbein
- Flachpinsel, Bleistift
- Schneideunterlage

Messen/Markieren

Bevor mit Papier und Pappe gearbeitet wird, muss oftmals erst ein bestimmtes gewünschtes oder notwendiges Format/Größe aus einem Blatt oder Bogen abgemessen werden. Dazu benötigt man Messwerkzeuge wie z. B. Lineal mit Maßstab, Meterstab (oft auch Zollstock genannt), Metallmaßstab oder Winkelmaßstab (mit Anschlag). Die Messwerkzeuge haben vorwiegend eine Millimetereinteilung (mm) in Strichen, die Anzeige der Zentimeter (cm) wird in Zahlen dargestellt (1 cm = 10 mm). Beim Messen ist darauf zu achten, dass die Messwerkzeuge rechtwinklig angelegt werden. Zum Markieren und Verbinden der abgemessenen Längen und Breiten auf dem Papier ist ein gut gespitzter Bleistift empfehlenswert.

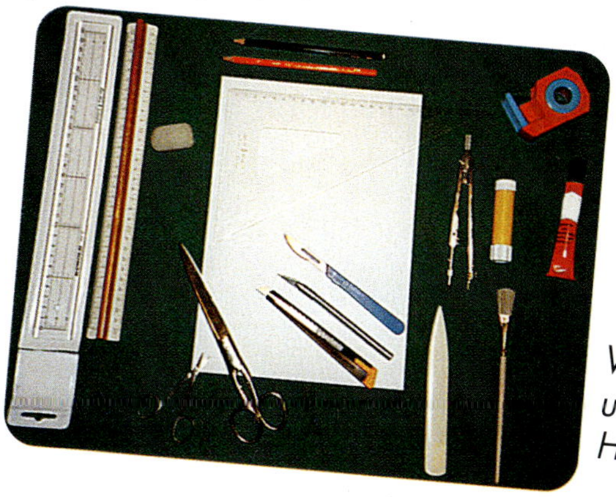

Werkzeuge und Hilfsmittel

Beispiel: Zur Herstellung eines Notizbuches soll auf einen vorhandenen Karton – in der Abmessung 15 cm zu 10 cm Seitenlänge – aus einem z. B. selbst hergestellten Schmuckpapier in der Größe DIN A4 ein Bezugspapier geklebt werden. Dazu muss das Schmuckpapier für den Karton abgemessen und zugeschnitten werden. Das Schmuckpapier soll in den Abmessungen etwas größer sein, ca. 1,5 cm an allen Seiten, um es um die Kante des Kartons zu falten und auch rückseitig anzukleben.

Arbeitsweise:
Lege ein Lineal mit Millimetereinteilung auf die obere Seite des Schmuckblattes und schiebe das Lineal so, dass die linke Seite des Blattes mit der Nulllinie (Nullpunkt) des Lineals übereinstimmt. Mit dem Bleistift machst du einen kleinen senkrechten Strich oder Punkt an der Linie des Lineals bei der 18 (15 cm + 2 x 1,5 cm = 18 cm). An der unteren Seite des Schmuckblattes werden ebenfalls von links nach rechts 18 cm markiert.

Lege das Lineal nun senkrecht an die beiden Markierungen und verbinde mit dem Bleistift die beiden Punkte.
Nun wird das Lineal an die linke Seite des Schmuckblattes gelegt, mit der Nulllinie an der oberen Kante, und an der Linie des Lineals machst du bei 13 (10 cm + 2 x 1,5 cm = 13 cm) mit dem Bleistift wieder eine kleine Markierung.
An der Verbindungslinie der beiden 18-cm-Markierungen misst du ebenfalls die 13 cm ab und markierst.
Dann verbindest du die beiden Markierungen und hast nun das erforderliche Rechteck in den Abmessungen 18 cm x 13 cm. Das Schmuckpapier ist nun bereit zum Ausschneiden.

Flächen formen

☞ Arbeitsauftrag

Suche im Werkzeugschrank nach verschiedenen Papierscheren! Einige sind dir sicher schon bekannt. Nenne den richtigen Fachnamen! Betrachte sie genau und nenne Unterschiede! Die Scheren funktionieren nach dem Hebelgesetz. Versuche es zu erklären!

Schneiden

Für Materialien, die viel Kraft zum Schneiden erfordern, werden Scheren mit kurzer Schneide und langer Grifflänge eingesetzt. Für leicht zu schneidendes Papier kannst du Scheren mit größerer Scherenlänge benutzen. Beim Schneiden ist die Hebelwirkung wichtig.

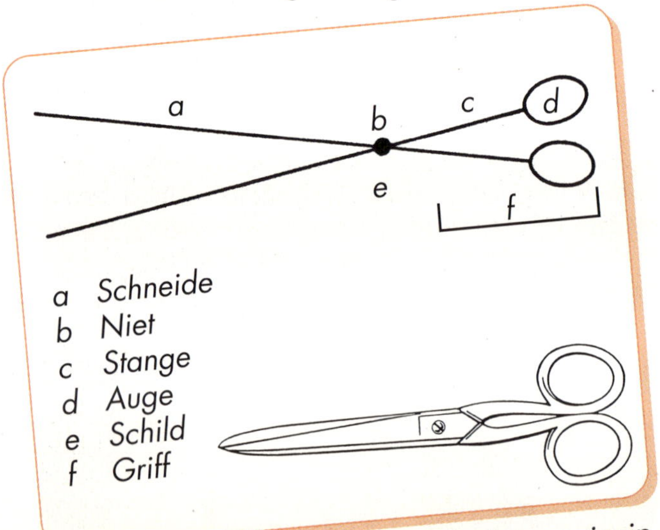

Schere: Teile und Wirkungsprinzip

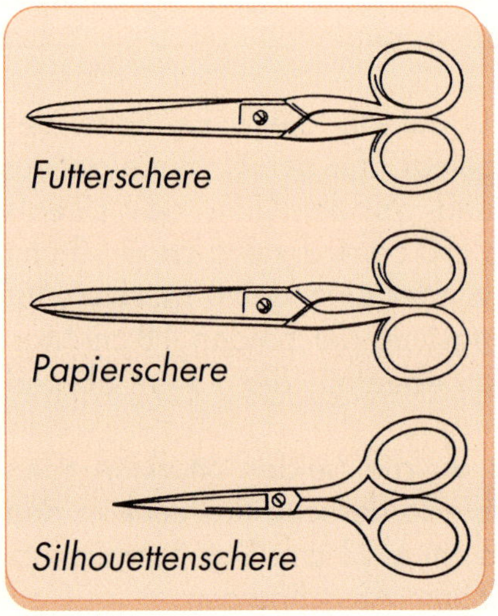

Eine ***Pappschere*** hat stärkere Schneiden als eine Papierschere. Die Scherenschneiden dürfen sich bei dem starken Material nicht verbiegen. Deshalb haben sie eine leicht zueinander gebogene Form und werden von einer Schraube oder Niete gegeneinander auf Spannung gehalten.

Die ***Tapeten- oder Papierschere*** sollte beim Schneiden auf einer sauberen, festen Unterlage aufliegen. Sorge deshalb für ausreichenden Platz auf dem Tisch. Feine Formen schneidest du am besten freihändig mit der kleinen ***Silhouetten-*** oder ***Scherenschnittschere.***

Achte beim Schneiden auf Ordnung am Arbeitsplatz. Bei Unterbrechung der Arbeit die Schere vorsichtig weglegen oder am besten in einen dafür vorgesehenen Scherenständer stellen. Dicke Kartons und Pappe sind mit einer Schere nur mit großer Kraftaufwendung zu schneiden. Man benutzt dafür spezielle ***Messer*** wie:

- Cutter oder Schablonenmesser,
- Universalmesser,
- Abbrechmesser,
- Papp- oder Buchbindermesser.

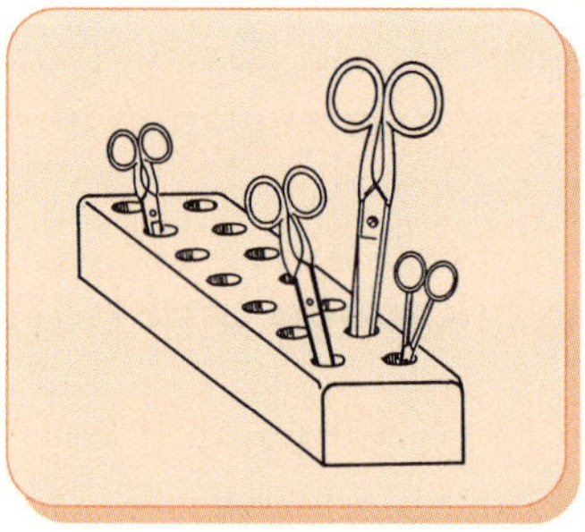

Scherenständer

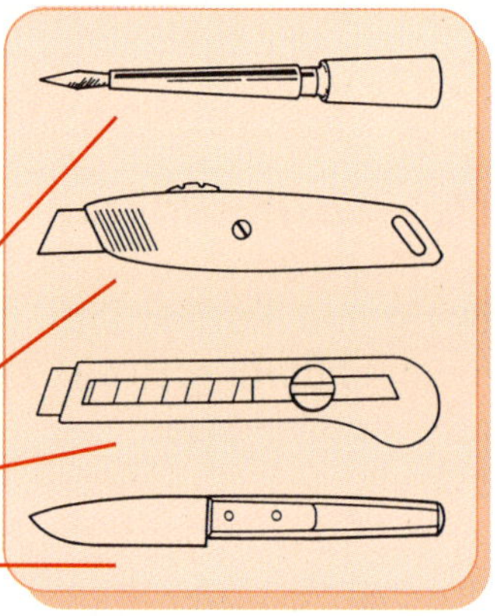

! Achtung Unfallgefahr !

Die Verletzungsgefahr ist sehr groß, da diese Messer sehr scharf sind. Du musst besonders sorgfältig damit umgehen und sie immer sicher in einer Schachtel oder geeigneten Messerhülle aufbewahren. Beim fachgerechten, sicheren Schneiden mit dem Messer eine Unterlage aus dickem Karton oder eine spezielle Schneideunterlage verwenden.

Papier schneiden *Pappe schneiden*

Flächen formen

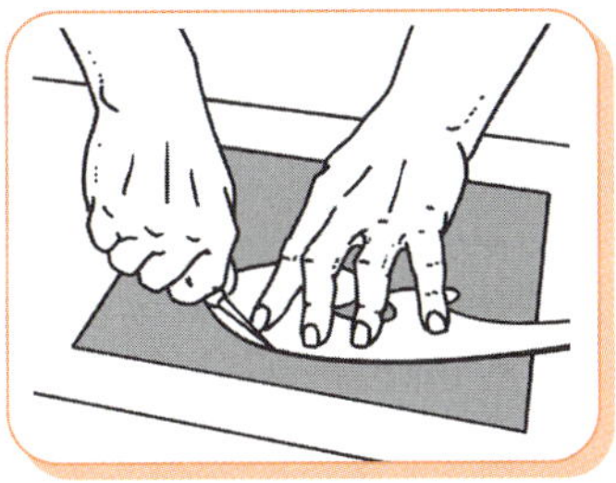

Krallengriff

Das Stahllineal – richtig eingesetzt – hilft dir gerade Linien zu schneiden, bei Bögen, Kurven bzw. gekrümmten Linien verwendest du am besten Schablonen. Die ***Papierschneidemaschine*** hat parallel und rechtwinklig zum Schnitt liegende, teilweise verstellbare Anschläge. So lassen sich damit besonders einfach rechtwinklige Formen zuschneiden. Zwei gegeneinander stehende Messer, von dem nur eines beweglich ist, schneiden Papier und Pappe mit einem scharfen Schnitt. Die Papierschneidemaschine muss mit einer besonderen Schutzvorrichtung versehen sein, um Unfälle zu vermeiden.

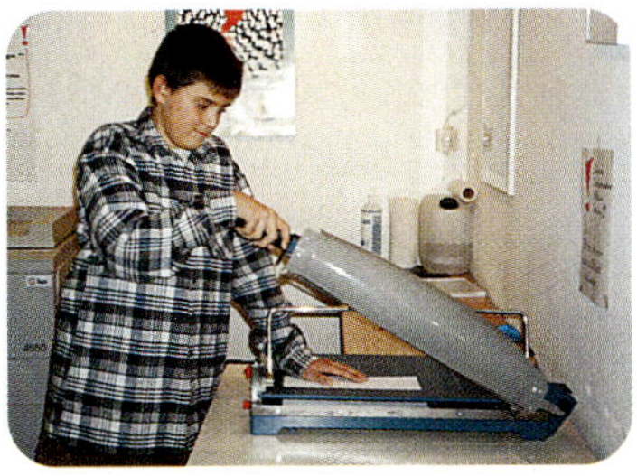

Papierschneidemaschine

Merke: Eine alte Handwerksregel sagt, dass mit einer Schere immer nur ein und dasselbe Material geschnitten werden soll, um die Scherenschneiden möglichst lange scharf zu halten.

Falten/Ritzen

Wird Papier oder Karton nur gefaltet oder geknickt, so ist dazu ein ***Falzbein*** nötig. Mit der Spitze wird unter Druck an der zu faltenden Linie mithilfe eines Lineals entlanggefahren. Die eingedrückte Linie erleichtert die Faltung. Bei stabilem Karton mit einem Cutter die Faltlinie ritzen, um eine gute Faltung zu erreichen (Ritzen ist das Einschneiden des Kartons bis zur halben Stärke). Bei einer scharfen Faltung kann mit dem Falzbein unter starkem Druck über die Knickstelle gefahren werden.

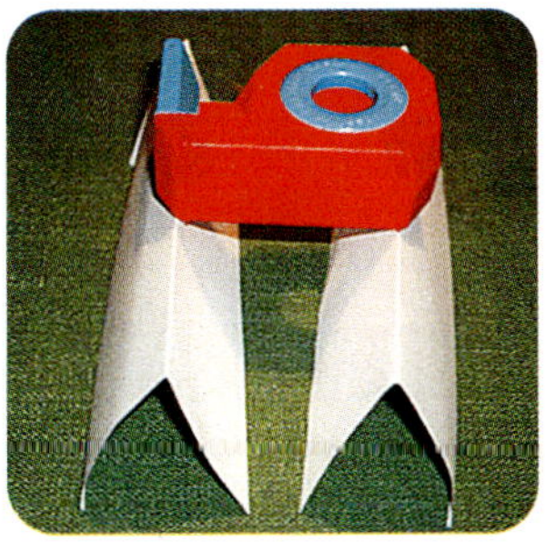

Papier wird durch Falten/Ritzen stabil

Das Werkzeug hat abgerundete Kanten und ist deshalb in der Handhabung ungefährlich. Durch das Falten von Papier verändert sich nicht nur die Form oder das Format, sondern auch die Eigenschaft – es wird stabil. Das sonst labile Blatt Papier kann durch verschiedene Faltungen auf der Unterlage stehen und sogar Gewicht tragen.

Faltlinien

Zeichnen verschiedener Linien

Schnittlinien mit einer durchgehenden Linie zeichnen: ————————————————

Faltlinien je nach anschließender Faltung, z. B. Bergfaltung mit kleinen Pünktchen zeichnen:

....

Talfaltung mit kleinen Strichen angeben:

– –

Hilfslinien werden folgendermaßen markiert:

– · – · – · – · – · – · – · – · – · – · – · – · – · –

☞ Arbeitsauftrag

Stelle einfache Faltkarten aus farbigem Tonpapier her. Dabei kannst du die Techniken wie: Messen, Zuschneiden, Zeichnen von Linien und Durchführen verschiedener Faltungen üben.

Flächen formen

Kleben

Alleskleber für kleine Flächen verwenden. Lösungsmittelhaltige Kleber durchfeuchten das Papier nicht. Lösungsmittel sind aber gesundheitsgefährdend. Deshalb während des Klebens gut lüften! Lösungsmittelfreie Kleber sind zwar umweltfreundlicher, durchfeuchten jedoch das Papier und trocknen langsamer.
Klebestifte sind für kleine Flächen gut geeignet, sie sind tropffrei, ohne große Geruchsbelästigung und relativ unbedenklich in der Verwendung.

Buchbinderleim

Leim (Buchbinderleim) befeuchtet das Papier weniger, weil er ziemlich schnell trocknet.
Falsch angebrachte Klebeverbindungen lassen sich aber nur sehr schwer korrigieren.
Kleister benutzt man zum Bekleben größerer Flächen. Dabei wird das Papier stark befeuchtet. Es dehnt sich aus, schwindet dann beim Trocknen und hinterlässt eine Wölbung.

! Nicht in der Schule verwenden !

Kontaktkleber wegen starker Lösungsmittel und Reaktionskleber wie Zweikomponentenkleber, die in Sekunden Hautteile von Fingern oder Augenlidern zusammenkleben. Eine Trennung ist oft nur durch ärztliche Behandlung möglich.

Beachte: Beim Bekleben einer größeren Fläche den Klebstoff mit einem flachen Pinsel von der Mitte nach außen auftragen. Dabei ein etwas größeres sauberes Abfallpapier, auch **_Makulatur_** genannt, unterlegen.
Das flächige Bekleben mit Papier z. B. auf Karton oder ein anderes Material nennt man auch **_„Kaschieren"_**.

Bezugsarbeit herstellen

Eine flache Pappe beziehen

Material:
1 gestaltetes Bezugspapier
1 Graupappe
1 Zeichenpapier oder Schreibmaschinenpapier für den Spiegel auf der Rückseite

Arbeitsweise:

1. Messen und Markieren
2. Zuschneiden
3. Kleben (Kaschieren) und Falzen
4. Pressen

Auf diese Weise lassen sich Schreibunterlagen, Lesezeichen, Ablagemappen, Einband für einfachen Abreißblock, Fotomappe usw. herstellen.

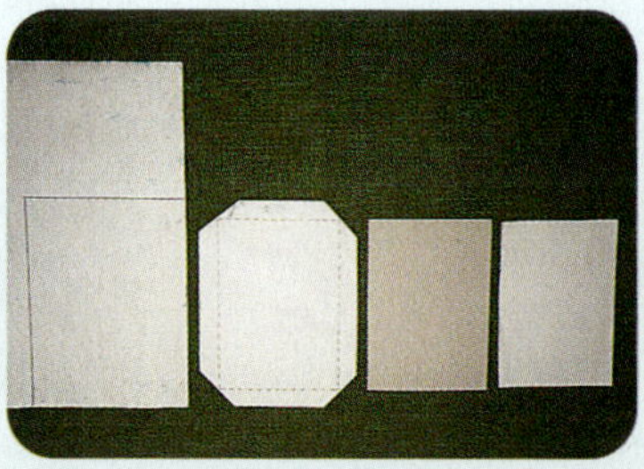
Messen, Markieren, Zuschneiden

Kleben, Falzen

Glätten

Pressen

Flächen gestalten

Gestaltungsmöglichkeiten

Für eine Bezugsarbeit kannst du das Papier in verschiedenen Gestaltungstechniken selbst herstellen, z. B. in der Kleistertechnik oder durch Marmorieren, auch die Farbenverlaufstechnik oder der Farbabzug eignen sich dazu.

Kleistertechnik

Einfarbiger Farbenauftrag

Bunter Farbenauftrag

Material und Werkzeug

Material und Werkzeug:
- Wasserfarbenmalkasten, Pinsel, Wasserbehälter
- Zeichenpapier oder Schreibmaschinenpapier in DIN-A3- oder DIN-A4-Größe
- dickflüssigen Tapetenkleister
- verschiedene Teile, wie Filzstiftkappen, zugeschnittene Pappe als „Kämme", Stupfpinsel usw. zur Musterung

Arbeitsweise:

1. Den Arbeitsplatz mit Zeitungspapier abdecken.
2. Dickflüssigen Kleister mit einem breiten Pinsel gleichmäßig auf dem Zeichenblatt (oder Schreibmaschinenblatt) auftragen. Es sollen wirklich alle Stellen mit Kleister bedeckt sein. Zügig arbeiten, damit der Kleister zur anschließenden Musterung noch feucht ist.
3. Mit einem flachen Pinsel Wasserfarbe auf den Kleister aufmalen. Der Farbauftrag kann einfarbig, Ton in Ton, in Streifen oder sonstigen Flächenmustern sein. Zu bunte Farbkompositionen lassen später das Muster nicht klar genug erscheinen. Einfacher ist es, den Kleister mit wasserlöslicher Holzbeize zu färben – es erübrigt sich dann der Farbauftrag mit Wasserfarben.

4. Nun mit dem „Werkzeug", z. B. Ziehkamm aus Pappe, einem Borstenpinsel und dergleichen, Linien oder Flächenmuster in den Kleister-Farbauftrag einziehen. Dabei werden Farbe und Kleister zusammengeschoben, der weiße Grund des Papiers wird durch die Musterung sichtbar.

5. Das gestaltete Kleisterpapier auf der Zeitung trocknen lassen. Anschließend von der Rückseite glatt bügeln (Temperaturregler auf Seide/-Wolle einstellen).

Flächen gestalten

☞ Arbeitsauftrag

Stelle verschiedene Kleisterpapiere her, z. B. mit einfarbigem Farbauftrag oder wähle die Farben Ton in Ton. Probiere verschiedene Mustermöglichkeiten aus! (Linien, Flächenmuster mit unterschiedlichen „Werkzeugen")

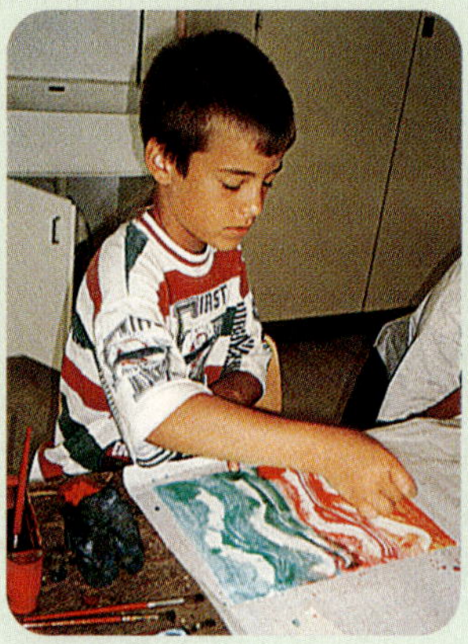

Marmorieren

Marmorieren

Material und Werkzeug:

- 1 viereckige Wanne (Fotoentwicklerschale oder altes Backblech mit Rand) als Marmoriergefäß
- dickflüssig angerührter Tapetenkleister als Marmoriergrund (Farbträger)
- spezielle Marmorierfarben auf Wasser- oder Ölbasis (im Fachhandel erhältlich)
- als Werkzeuge zum Ziehen der Muster eignen sich Holzstäbchen, Gabeln
- Zeichenpapier oder Schreibmaschinenpapier

Material und Werkzeug

Arbeitsweise:

1. Den fertig angerührten Kleister in die Schale füllen (ca. 3 – 5 cm hoch).

2. Die Marmorierfarben vor Gebrauch gut schütteln und einige Tropfen auf den Marmoriergrund auftropfen.
3. Die Farbpunkte nun mit einem Holzstäbchen z. B. erst waagerecht, dann senkrecht zu einem Muster verziehen. Dieses Grundmuster

kann mit einem Kamm noch beliebig verändert werden.

4. Das Papier möglichst flach über die ganze Fläche auflegen. Dabei unbedingt Luftblasen vermeiden!

5. Wenn das Muster auf der Rückseite des Papiers sichtbar wird, das gemusterte Papier an einer Kante nehmen und von der Kleisterfläche nach oben abziehen. Das Muster bleibt nun am Papier haften und der überschüssige Kleister wird unter fließendem Wasser abgespült.

6. Nach dem Trocknen das marmorierte Papier von der Rückseite leicht bügeln.

Beachte: Restliche Farbflecken auf dem Marmoriergrund mit einem Haushaltstuch abtupfen, bevor eine neue Musterung vorgenommen wird.

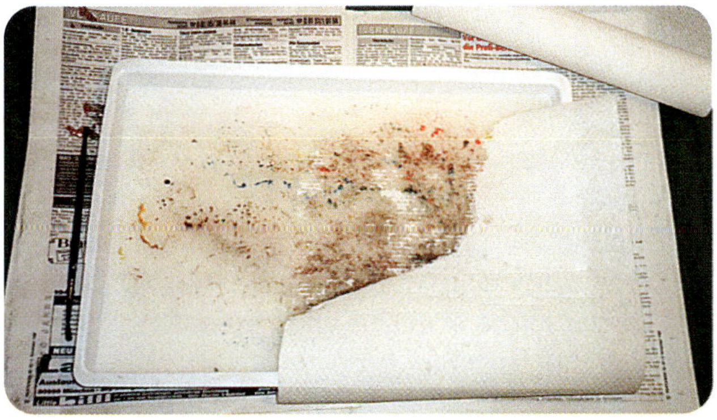

Farbenverlaufstechnik

Material und Werkzeug:

- Wasserbeizen in verschiedenen Farben oder Eierfarben zum Färben der Ostereier in konzentrierter Lösung (bei Eierfarben ohne Essig)
- holzfreies Zeichenpapier
- Haarpinsel
- Pinzotto
- Kochsalz oder grobkörniges Salz

Material und Werkzeug

Farbenverlaufstechnik

Arbeitsweise:

1. Einige Farbflecken mit dem Pinsel auf ein Zeichenblatt auftragen. Dabei mit den hellsten Farben beginnen.
2. Viele verschiedenfarbige Flecken auf dem Papier werden mit der dunkelsten Farbe in den Zwischenräumen verbunden. Es entstehen so interessante Farbverläufe.

3. Wird auf die nasse Farbe mithilfe der Pinzette Salz aufgestreut, so wird an dieser Stelle die Farbe gebunden und konzentriert. Das Salz muss auf dem Farbverlaufspapier vollständig trocknen und soll dann erst entfernt werden.

4. Das getrocknete Papier von der Rückseite mit niedriger Temperatur bügeln.

Beachte: Spülmaschinensalz ist ätzend und sollte in der Schule nicht verwendet werden.

Farbabzugspapier

Farbabzugspapier

Material und Werkzeug:

- 1 glatte Platte, z. B. Glasplatte oder Kunststoffplatte
- Malkasten mit Wasserfarben
- Pinsel und Wasserbehälter
- Mallappen
- Kunstdruckpapier, z. B. die unbedruckte Rückseite eines Kalenderblattes oder holzfreies Zeichenpapier

Material und Werkzeug

Arbeitsweise:

1. Bunte Farbflecken mit reichlich Wasser auf die glatte Kunststofffläche oder Glasplatte auftragen.

2. Die entstandenen Zwischenräume mit einer dunklen Farbe ausfüllen. Zügig arbeiten, damit die Farbe nicht schon trocknet.
3. Das Papier auflegen und mit dem Mallappen auf die Platte drücken und reiben.

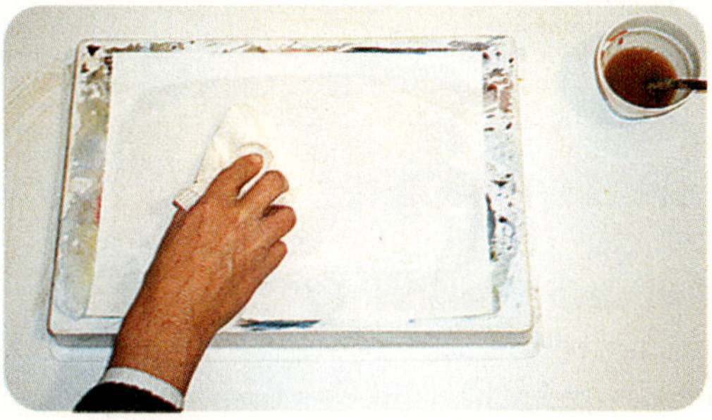

4. Das Papier nun schnell nach oben wegziehen.
5. Das nasse Farbabzugspapier auf einer Zeitung flach liegend trocknen.

Nachbehandlung

6. Nach dem Trocknen von der Rückseite leicht bügeln.
7. Die Farbplatte von restlichen Farben säubern, ehe ein neuer Farbauftrag aufgemalt wird!

Nachbehandlung der gestalteten Bezugspapiere

Nach dem Trocknen und Bügeln kannst du die gestaltete Vorderseite der Papiere griff- und wasserfest machen, indem du sie mit weißem Kerzenwachs einreibst. Anschließend mit einem weichen Lappen oder Papierhaushaltstuch nachpolieren!

Fächerverbindung

In den genannten Fächern werden folgende Themen behandelt:

- Farben, Lieblingsfarben, Modefarben
- Zerlegen des weißen Lichts in mehrere Farben (Regenbogen)
- Farben als Informationsträger: Signalfarben im Straßenverkehr
- Farben in der Natur, natürliche Farbstoffe
- Und im Fach Kunsterziehung lernst du wahrscheinlich noch weitere Gestaltungstechniken kennen.

Bei der Herstellung der verschiedenen Faltschachteln, z. B. in Würfel- oder Pyramidenform, ist es für dich sicher hilfreich, dass du in Mathematik/Geometrie gelernt hast, wie diese Hohlkörper flächig aufgezeichnet werden.
Es wird eine Abwicklung gezeichnet. Für die Faltung und das Zusammenkleben sind die Klapp- und Klebelaschen einzuzeichnen.

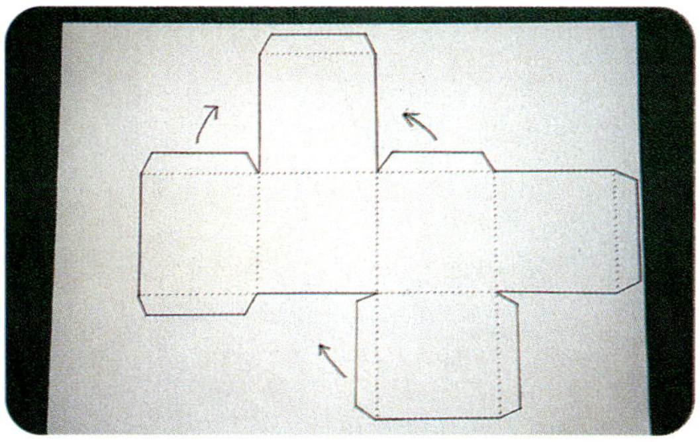

Einen Würfel mit 6 Flächen hast du sicher schon einmal in Geometrie gezeichnet, gefaltet und zusammengeklebt. Einfach in der Herstellung ist auch der Tetraeder (die Pyramide mit 4 Flächen).

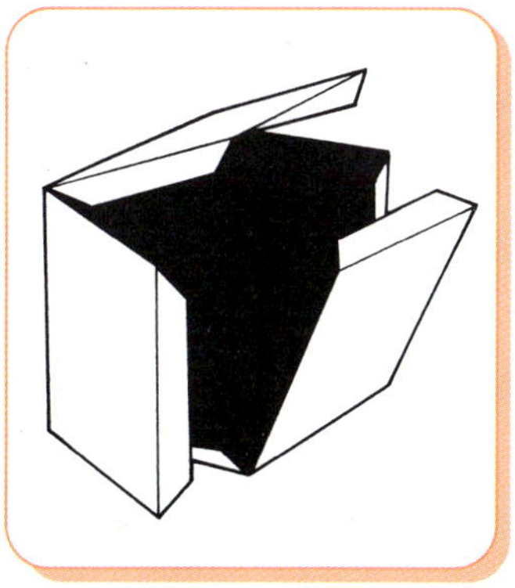

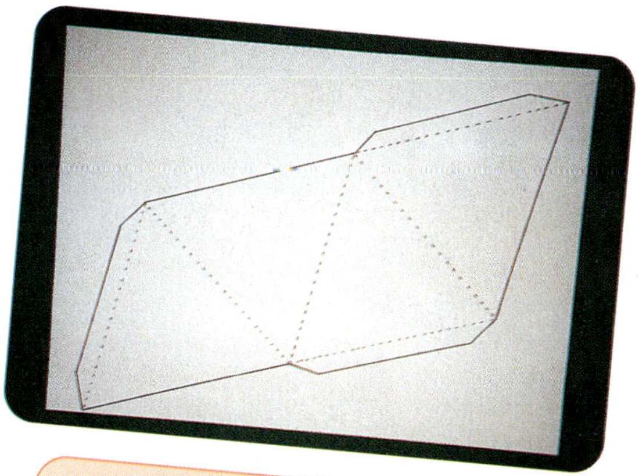

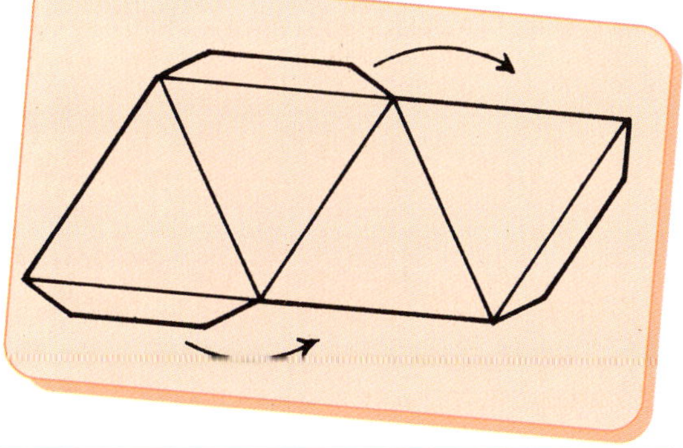

Gestaltete Schachteln

☞ Arbeitsauftrag

Berechne, miss und markiere genau einen Würfel- oder eine Pyramidenform, zeichne sie auf ein DIN-A3- oder DIN-A4-großes Blatt Papier.
Bevor du die Form ausschneidest, gestalte die geometrischen Flächen durch Bemalen!

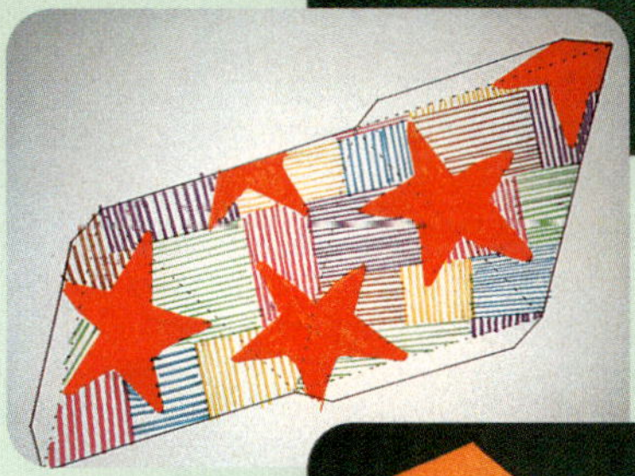

Anregungen:
- Karten in Faltschnitttechnik
- Bezugsarbeiten: Schreibunterlage, Notizmäppchen

4 Zündholzschachteln unter einem Deckel

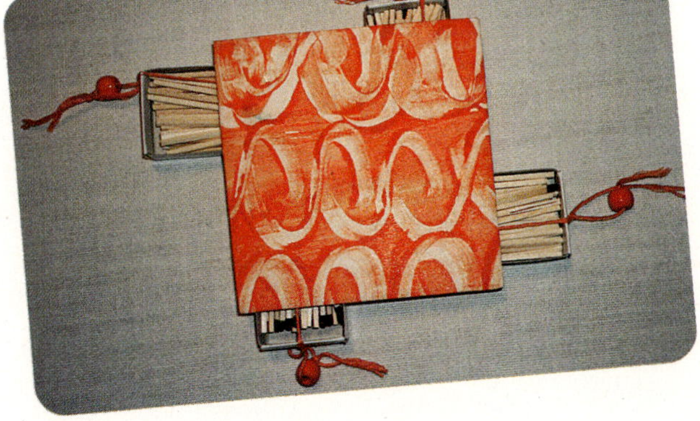

Filz

Nomadenvölker aus Asien haben schon 2 000 Jahre vor Christi Geburt die isolierenden Eigenschaften des Filzes erkannt und Mäntel, Teppiche, Jurten (Nomadenzelte), Schuhe, Mützen und Taschen gefertigt.
Ursprünglich wurde in der Mongolei, Kasachstan, Turkmenistan, Tibet usw. gefilzt. Auch die Indiostämme Perus in den Anden haben wegen der extremen Klimabedingungen nützliche Kleidungsstücke gefilzt.
In Nordeuropa ist die Filztechnik hauptsächlich in Ländern wie Schweden, Finnland und Norwegen bekannt. Filzstiefel und -mützen trägt man auch in einigen russischen Provinzen während der kalten Jahreszeit.

Filzhut und gewalkter Janker aus Bayern

Hüte aus verschiedenen Epochen

Ungefähr im 5. Jahrhundert vor Christus haben die Griechen die Filztechnik von asiatischen Völkern übernommen. In der griechischen Sage wird von Helmen berichtet, die mit Filz gefüttert waren. Die alten Babylonier, Griechen, Römer trugen Filzhüte unterschiedlichster Formen.
Wegen der guten Formbarkeit des Filzes waren und sind heute noch solche Kopfbedeckungen in vielen Ländern Tradition.

☞ Arbeitsauftrag

Letztes Jahr hast du in der 5. Klasse einiges über die Wolle und ihre Eigenschaften gelernt.
Frische dein Wissen durch Nachlesen wieder auf!

Gekaufte Filzplatten – handgefilzte Platten

Verfilzter Wollpullover

Die Eigenschaften der Wolle

Die Wolle ist eine tierische Faser von Schafen, Ziegen, Kaninchen, Kamelen usw. Das Schaf ist in erste Linie unser Wolllieferant. Es werden

☞ Arbeitsauftrag

Sieh dir das Material genau an, befühle es, beschreibe das Aussehen. Oft sind handgestrickte Pullis total verfilzt. Die ursprüngliche Größe ist zusammengeschrumpft, die Strickmaschen sind nicht mehr zu erkennen. Er fühlt sich nicht mehr weich und flauschig an, sondern verhältnismäßig hart und fest. Wodurch hat die Wolle ihre Eigenschaften verändert und ist verfilzt?

Deckhaar
glatter Tannenzapfen

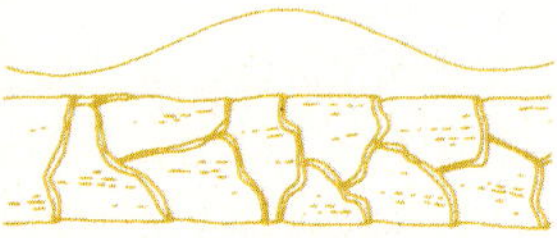

Unterwolle
reifer Tannenzapfen mit geöffneten Schuppen

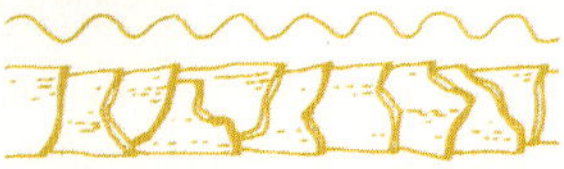

Die Schuppen verhaken sich wie bei der Wollfaser

Rohwolle

verschiedene Rassen gezüchtet, z. B. Fleischschafe und Wollschafe. Wollschafe werden für die Wollgewinnung gehalten.
Die Schafwolle von Wollschafen ist gekräuselt bis groblockig. Man unterscheidet die Unterwolle, die oft sehr feinfaserig, gekräuselt und weich ist, und die Deckhaare, die lang und groblockig sind. Unter dem Mikroskop sieht man, dass die einzelnen Wollfasern keine glatte Oberfläche haben, sondern schuppenförmig sind.
Die Anordnung dieser Schuppen (Fachausdruck: ***Epidermisschuppen***) ist bei der Unterwolle dachziegelartig überlappend und bei Deckhaaren sitzen große Schuppen Kante an Kante.
Die Eigenschaften sind unterschiedlich. die Unterwolle ist saugfähiger, während die Deckhaare glänzender und wasserabstoßender sind. Durch diese schuppenartige Oberfläche der Wollfasern lässt sich die Wolle mit ***Druck, Wärme*** und ***Feuchtigkeit*** verfilzen.
Die Wolle von Fleischschafen hat überwiegend gleich lange, eher grobe Haare, die eine hohe Spannkraft haben, aber keine guten Filzeigenschaften aufweisen.

☞ Arbeitsauftrag

Setze dich auf ein gefilztes Sitzkissen!
Setze eine gefilzte Mütze oder ein Stirnband auf! Was stellst du fest?
Warum tragen wir in der kalten Jahreszeit Kleidungsstücke aus Wolle?
Erkläre, warum z. B. früher Feldflaschen eine Filzummantelung hatten!

Aufbewahrung der Rohwolle

Saubere, gewaschene Wolle kann relativ lang aufbewahrt werden. Aber die in der Rohwolle enthaltenen natürlichen Fette und Salze greifen die Wolle auf die Dauer an, sodass sie sich in der Farbe und im Wollstapel verändern kann.

Merke: Rohwolle trocken, luftig und kühl aufbewahren. Nicht in Plastiksäcken verpackt, sonst nisten sich Motten, Pelzkäfer und Pilze ein.

Rohwolle luftig aufbewahren

So werden Wollgegenstände richtig gewaschen

Wolle in viel handwarmem Wasser (ca. 30 °C) mit besonders mildem Wollwaschmittel, Feinwaschmittel oder Haarwaschmittel leicht durchdrücken. Nicht reiben! Gründlich ausspülen, damit keine Seifenrückstände in der Wolle verbleiben. Das Wasser ablaufen lassen. Den Wollgegenstand in ein trockenes Frotteehandtuch wickeln, aufrollen und somit das Wasser herausdrucken. Dann an der Luft trocknen, aber nicht der direkten Sonne aussetzen. Beachte die internationalen Pflegekennzeichen in den Kleidungsstücken. Besonders ausgerüstete Wolle kann auch mit dem Schonprogramm der Waschmaschine gewaschen werden.

Pflege-kennzeichen

Vorbereitung zum Filzen

Begriffe

- ***Filz***
  mittelhochdeutsch „vilz", englisch „felt", ist westgermanischen Ursprungs und bedeutet „gestampfte Masse". Filz ist auch die Bezeichnung für ein gefilztes Produkt.
- ***Filzen***
  ist der gesamte Prozess von der gekämmten Rohwolle bis zur textilen Fläche, dem Filz.
- ***Vlies***
  ist der zusammenhängende Pelz des geschorenen Schafes.
- ***Wollvlies***
  nennt man auch die gekämmte Wolle (Fachbegriff: kardierte Wolle).

Vlies ist der zusammenhängende Pelz des geschorenen Schafes

Unterschiedliche Wollqualitäten

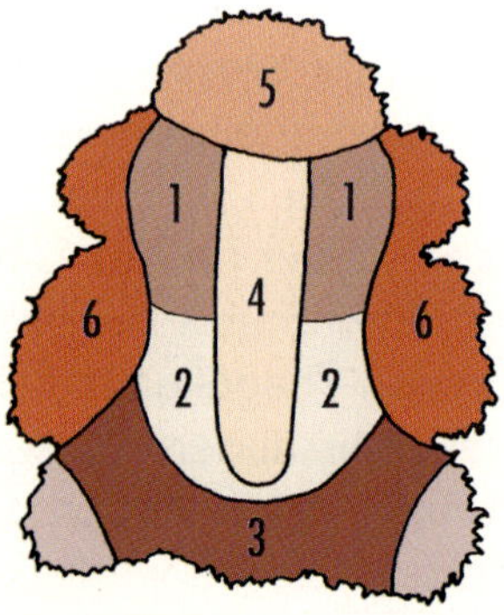

In einem Schafvlies gibt es große Unterschiede in der Wolle. Die meist typische Wolle für die jeweilige Rasse sitzt auf den Schultern (1) und Flanken (2); auf den Oberschenkeln (3) ist die Wolle bedeutend gröber; die Rückenwolle (4) ist offener und loser; die Halswolle (5) kann weicher und feinfaseriger sein; die Bauchwolle (6) ist offener, ungeordneter und meistens schmutzig; die Wolle auf den Beinen ist kurz und grob.

Material und Hilfsmittel zum Filzen

Material
Schafwolle, gewaschen und kardiert (gekämmt). Eine gemischte Qualität aus Unterwolle und Deckhaar lässt sich gut filzen.

So genannte „Märchenwolle" in verschiedenen Farbschattierungen als Musterwolle

Seifenlauge aus Schmierseife und ca. 50 °C heißem Wasser beschleunigt den Filzprozess. Das Mischungsverhältnis von Wasser und Schmierseife sollte nur etwa 2 Esslöffel Seife auf 1 Liter Wasser sein.

Arbeitsweisen zum Filzen

Hilfsmittel
Frotteehandtuch, altes Bettlaken oder Strandmatte aus Binsen oder grobe Gummimatte zum Auslegen der Wollschichten.
Wäschesprenger zum Befeuchten der Wolle.
Altes Waschbrett oder Walkbrett zum Walken.

Walkbrett

Strohmatte

Hilfsmittel zum Filzen und Walken

Legen der Wolle

Die Wolle vom kardierten Band zupfen und stapelweise auf ein Handtuch legen.

gleichmäßiges Abzupfen vom kardierten Wollband

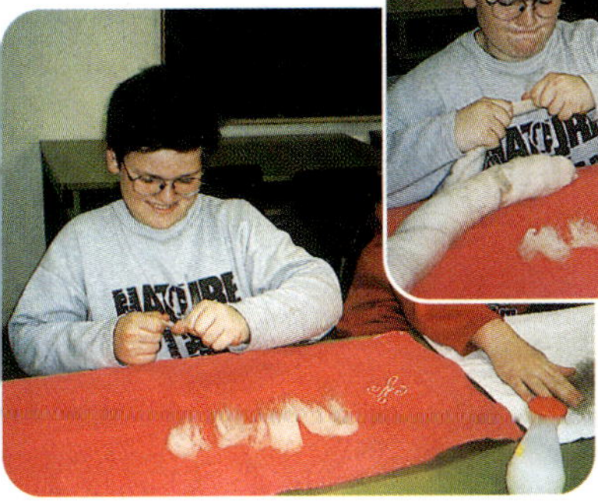

Legen der Wolle

Damit sich die einzelnen Wollfasern verschlingen und verfilzen können, muss die Wolle in verschiedenen Richtungen aufgelegt werden, z. B. die erste Lage waagerecht, dachziegelartig übereinander legen und die nächste Schicht senkrecht darüber anordnen.

Schichtweises Legen der Wolle

Ein gleichmäßiges Abzupfen der Wolle vom kardierten Wollband und sorgfältiges Auflegen ergeben eine regelmäßige Filzfläche, die weder zu dicke oder gar zu dünne Stellen aufweist. Für einen dünnen Filz benötigt man zwei Wolllagen. Soll eine dickere Qualität entstehen, so müssen mehrere Schichten aufgelegt werden.

Befeuchten der Wolle

Mit einem Wäschesprenger heiße Schmierseifenlauge auf die ausgelegte Wolle geben.

Befeuchten der Wolle – nicht zu viel Seifenlauge auf die Wolle geben (es sollte aussehen, als ob die Wolle schwitzt)

Die Wolle mit den flachen Händen drücken, um Luft herauszupressen. Bleibt Wolle an den Handflächen hängen, dann mehr Seifenlauge verteilen. Aber vorsichtig, nicht zu viel Seifenlauge auf die Wolle geben, das Wasser kühlt schnell aus und der Filzprozess gelingt nicht. Besser nur den zu bearbeitenden Teil benetzen.

Das Filzen

Die befeuchtete Wolle wird mit beiden Handflächen in kleinen kreisenden Bewegungen gerieben. Die Handflächen üben dabei einen leichten Druck auf die Wolle aus. Der Druck auf die befeuchtete Wolle kann nach und nach verstärkt werden. Möglichst vom Rand zur Mitte arbeiten. Dabei legen sich die Spitzen der Fasern wie ein Haken um die anderen Fasern und ziehen so die Wolle immer mehr zusammen, die Fasern verfilzen. Die Epidermisschuppen bewirken, dass die Fasern nur in einer Richtung wandern können.

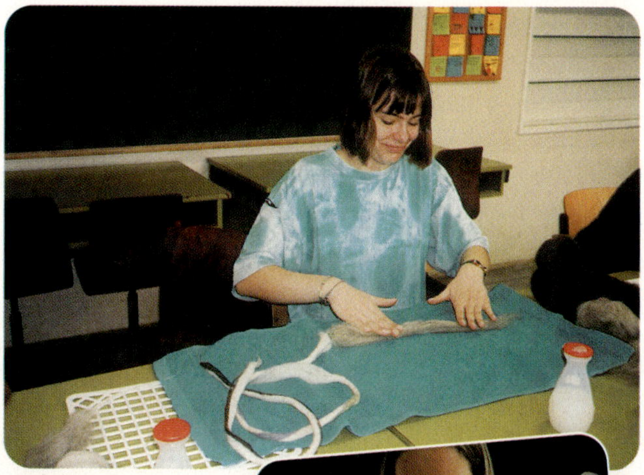

Filzen einer Schnur auf einem Handtuch …

… auf einem Plastikgitter

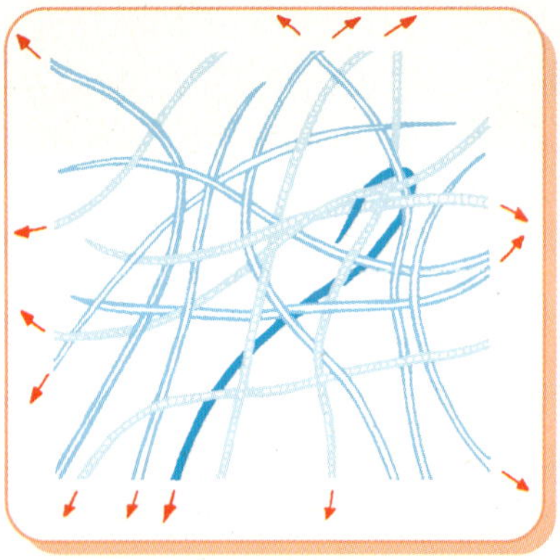

Der Filzprozess: *Die Wollfasern verhaken sich und ziehen die Wolle mehr zusammen, es entsteht ein Filz.*

Nach einiger Zeit etwas an der Wolle zupfen. Wenn sich noch einige Fasern herausziehen lassen, muss noch weitergearbeitet werden. Bleibt die Wolle zusammen, dann das gefilzte Stück wenden und die Rückseite genauso bearbeiten. Diese Technik nennt man ***„Reibetechnik“.*** Diese Art des Filzes ist geeignet für „körperhafte“ Gegenstände wie Schnüre, Bälle, Tiere, Schuhe oder Bilder, wo jedes Detail während der Arbeiten genau kontrolliert werden muss.

Reibetechnik

Für gleichmäßige, dünne Filzflächen eignet sich die ***„Rolltechnik“.*** Die Wolle z. B. gleichmäßig in nur zwei Schichten auf ein Tuch auslegen, befeuchten und dann mit einem Rundholz oder Rohr, das mit einem Tuch umwickelt wurde, einrollen und ständig hin und her rollen.

Vorbereitungen für die „Rolltechnik“

Walken

„Rolltechnik"

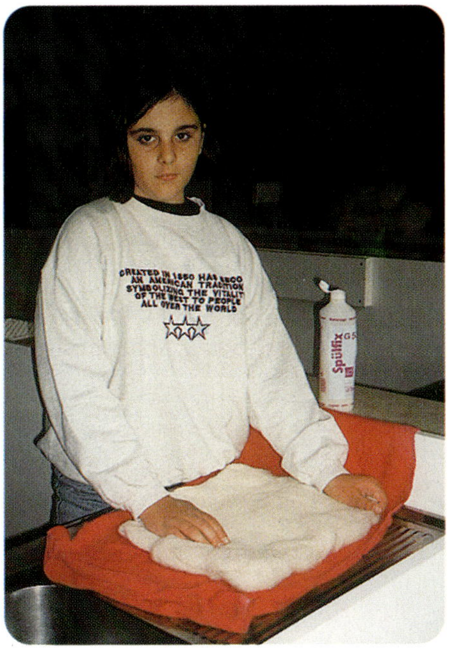

... mit den Händen

... mit den Füßen

Durch dieses dauernde Rollen verfilzt die Wolle. Es lassen sich auf diese Weise auch große Filzstücke herstellen.

Walken auf dem Waschbrett

Das Walken

Ist die Wollfläche gut verfilzt, wird sie in ein Tuch eingerollt und auf einem Filzbrett oder einem Waschbrett oder auf der Ablauffläche an der Küchenspüle oder einer rauen Gummimatte gerollt, gerieben und gedrückt. Das umhüllende Tuch verhindert, dass die äußeren Wollfasern dabei entfernt werden. Die gesamte Breite der Rolle mehrmals so bearbeiten, dann aufrollen und in der anderen Richtung zusammenrollen, damit die Fläche auf allen Seiten gleichmäßig schrumpft. So genannte „Eselsohren" lassen sich vermeiden, wenn man den Filz von den Ecken aus diagonal zur Mitte aufrollt. Der Filz ist erst fertig gewalkt, wenn er sich auch durch Ziehen nicht mehr dehnen lässt. Ein weiteres Walken und Formen des Filzes ist natürlich bei „körperhaften" Gegenständen wie Schuhen, Mützen, Bällen und dergleichen ohne Tuch und Einrollen möglich.

Waschen

Nach dem Filzen und Walken muss die Schmierseife aus dem gefilzten Gegenstand herausgewaschen werden, da sonst die Wolle vergilbt.
In viel lauwarmem Wasser (ca. 37 °C) mit wenig Feinwaschmittel das Filzstück auf und ab schwenken, ohne viel zu drücken. Das Wasser vom Filz ablaufen lassen oder ihn in der Wäscheschleuder an die Wand legen und eine halbe Minute schleudern, dann trocknen lassen.

Beachte: Beim Filzen von z.B. Pantoffeln, Mützen, Taschen usw. zwischen die untere Lage des Gegenstandes und der darauf liegenden Fläche eine Trennschablone einlegen, z. B. aus Plastik. Sonst filzen die beiden Wollflächen zusammen und es entsteht kein Hohlraum.
Die Wolle schrumpft durch das Filzen und Walken zwischen 35 % und 45 %.
Bei Kleidungsstücken, Taschen und Kissen eine Schablone mit entsprechender „Schrumpfzugabe" anfertigen!

Arbeitsweise

Den Filz von verschiedenen Seiten einrollen, verhindert so genannte „Eselsohren"!

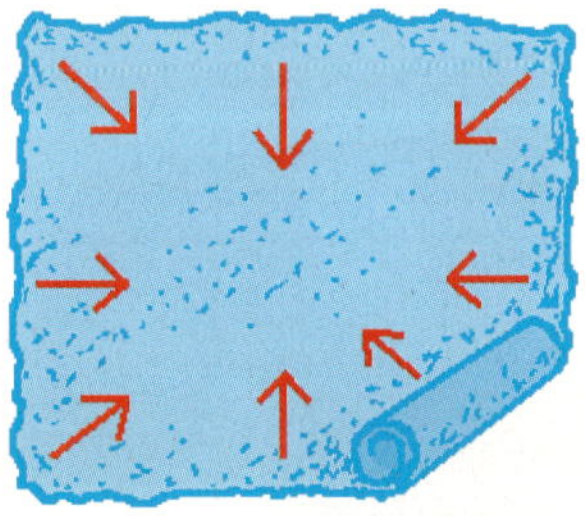

Filzprobe:
Wollfasern dürfen sich nicht mehr lösen.

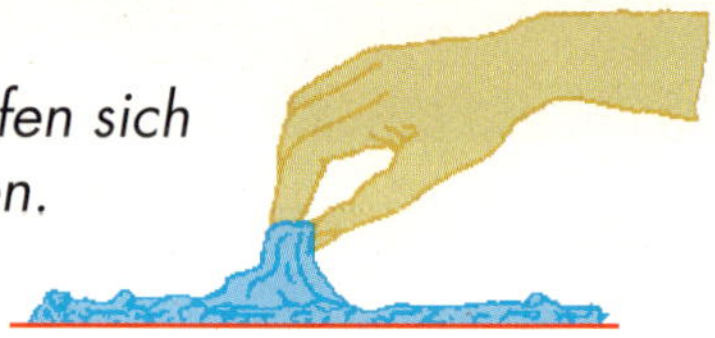

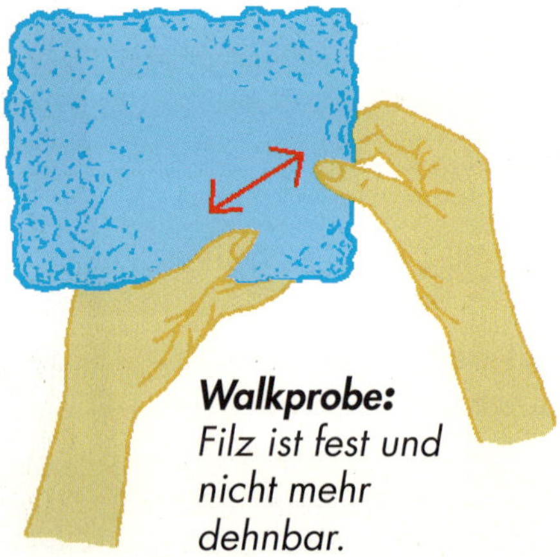

Walkprobe:
Filz ist fest und nicht mehr dehnbar.

Schablone mit ca. 3 cm „Schrumpfzugabe"

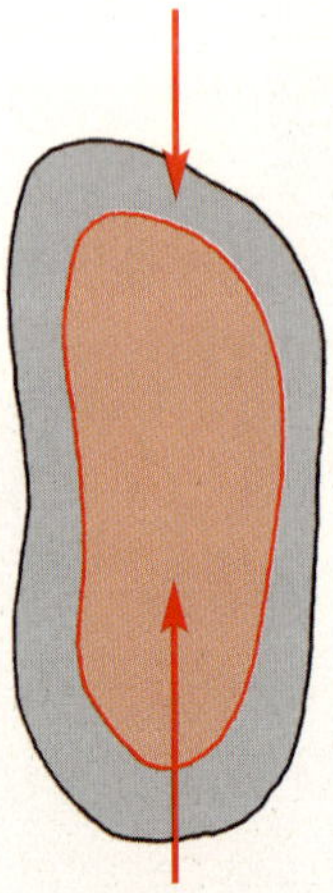

Fußgröße

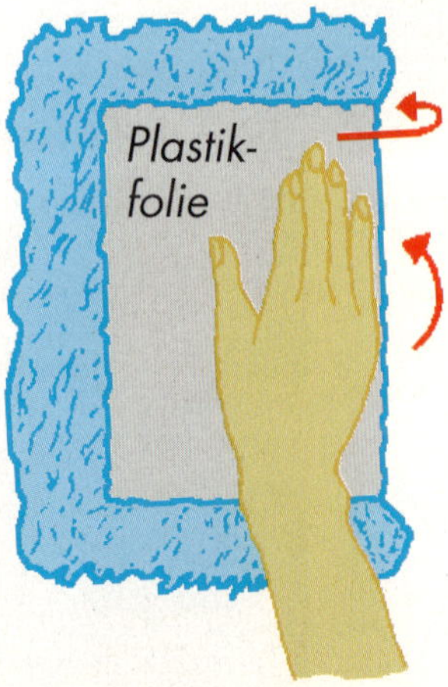

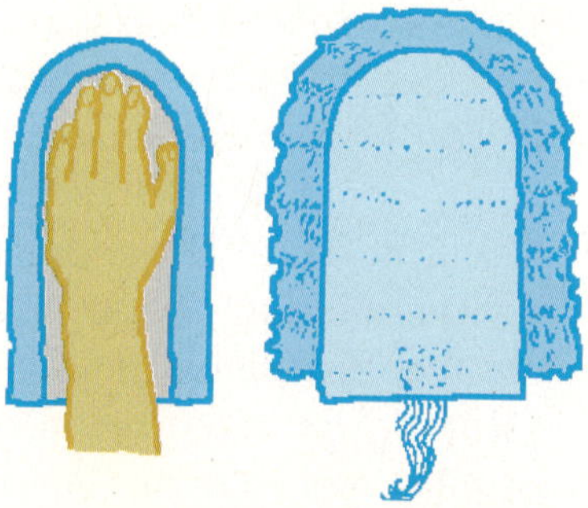

Filzen mit einer Trennschablone

Bei einer Hautallergieanfälligkeit Gummihandschuhe verwenden!

Gestaltung

Während des Filzvorganges

- ***Formgebung:***
  Individuelle, freie Gestaltung beim Auflegen der Wolle ist bei Filzflächen wie Teppichen, Bildern, Stirnbändern, Sitzkissen usw. möglich.
  Mit einer Schablone sollte z. B. bei Kleidungsstücken wie Schuhen, Socken, Mützen, Westen oder auch bei Taschen, die man in einem Stück filzt, gearbeitet werden.
- ***Farbe:***
  Einfarbig, mehrfarbig, Ton in Ton, Farbkontraste, marmorierend oder Muster legen.
- ***Struktur, Textur:***
  Glatte Filzfläche, strukturierte Fläche durch Auffilzen oder Einfilzen verschiedener Materialien (Leinen, Seide, Kunstfasern).

Verschiedene Verwendungs- und Gestaltungsmöglichkeiten

Stirnbänder

Sitzkissen

Ohrenschützer

Filzschnüre

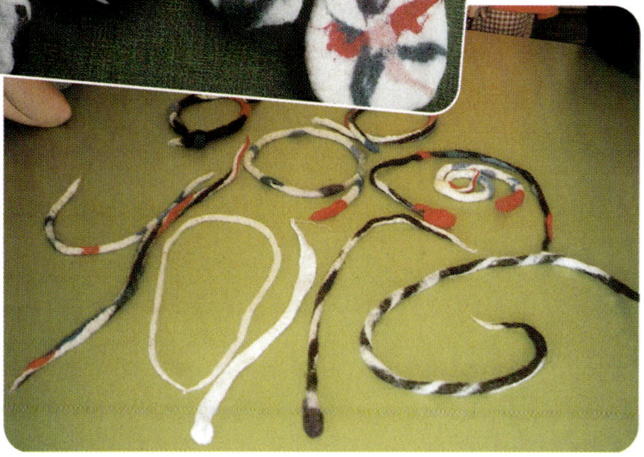

Taschen

Nach dem Filzvorgang

- ***Formgebung:***
  Filzfläche nach Schnittmuster zuschneiden und Teile zusammennähen, z. B. bei Schuhen, Westen, Hüten.
- ***Farbe:***
  Besticken, Applizieren, auch Färben.

Verschiedene Gegenstände

- ***Flächige und reliefplastische Arbeiten:***
  Sitzkissen, Teppiche, Bilder, Stirnbänder, Ohrenschützer.
- ***Hohlformen:***
  Taschen, Mützen, Schuhe, Handpuppen.
- ***Vollplastiken:***
  Ball, Nadelkissen, Spieltiere.

Hohlformen

Handpuppen

Filzpantoffeln

Hut und Mütze

Voll-plastiken

Während des Filzvorganges wird mit farbiger Wolle gestaltet: Stirnbänder

Wolle wird …

… um Filmdosen mit Metallglocken gefilzt

… um einen Stein gefilzt

… zum Igel-Nadelkissen

… zu Bällen mit verschiedenen Glocken im Inneren

Formen mit Ton

Tontechnik

Folgende Faktoren sind maßgebend:

- der Zweck der Gebrauchskeramik, z. B. Becher, Krug, Schale
- die Aufbautechnik: aus Tonwülsten, Tonbändern oder die kombinierte Technik durch Umformen aus der Tonkugel zur Hohlform und anschließendem Aufbauen mit Tonwülsten
- die bildnerische Gestaltung

Die Zweckform

Das Gefäß soll aufrecht stehend z. B. Flüssigkeit aufbewahren und diese auch wieder gut ausgießen können. Also ist es sinnvoll, einen Ausgießschnabel anzubringen. Auch ist ein Henkel zur besseren Handhabung zweckmäßig. Diese einfachen Zweckvorgaben bestimmen dann die Form und „bildnerische Gestalt". Die grundlegenden Formbestandteile, wie der ***Gefäßboden***, die so genannte ***Basis***, die ***Wandung*** oder auch ***Leibung***, der ***Hals*** und abschließend der ***Rand*** oder die ***Lippe***, sind bei der Planung und Herstellung zu beachten.

Die grundlegenden Formbestandteile

Die Zweckform mit Henkel und Ausgioßschnabel

Arbeiten mit Tonwerkzeugen und Hilfsmitteln

Mit einer ***Drahtschlinge*** wird eine Tonscheibe vom Hubel (= Tonstange) geschnitten.

Zum Schneiden von Tonbändern aus einer Tonscheibe benutzt du das ***Tonmesser*** und ein Lineal.

Tonbänder mit dem Tonmesser schneiden

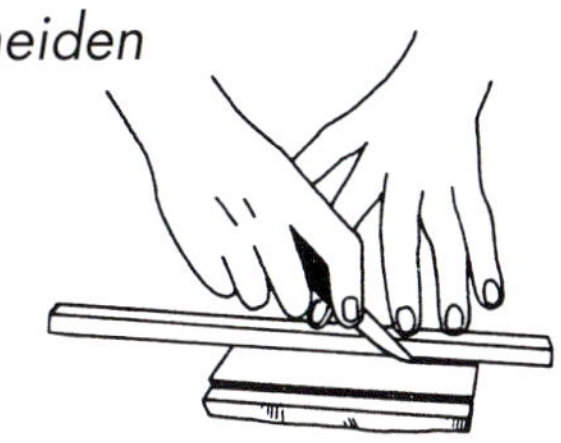

Auch die Ränder eines Gefäßes werden mit dem Tonmesser begradigt. Eine ***Dreh-*** oder ***Ränderscheibe*** erleichtert diese Arbeit.

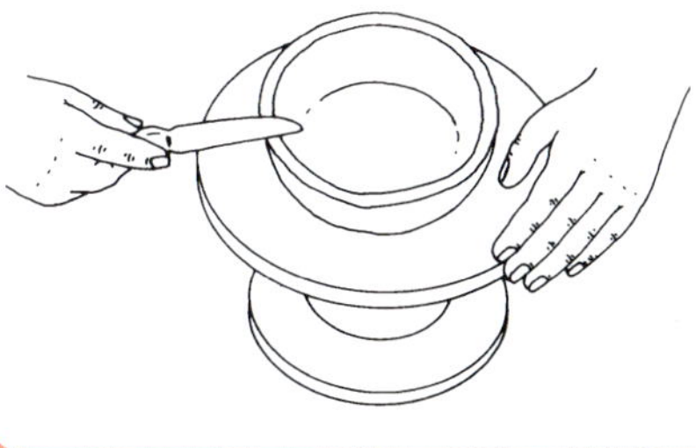

Die ***Modellierhölzer*** benötigst du z. B. zum Verstreichen des Tonschlickers, oder zum Eindrücken von Mustern als Oberflächengestaltung des Gegenstandes.

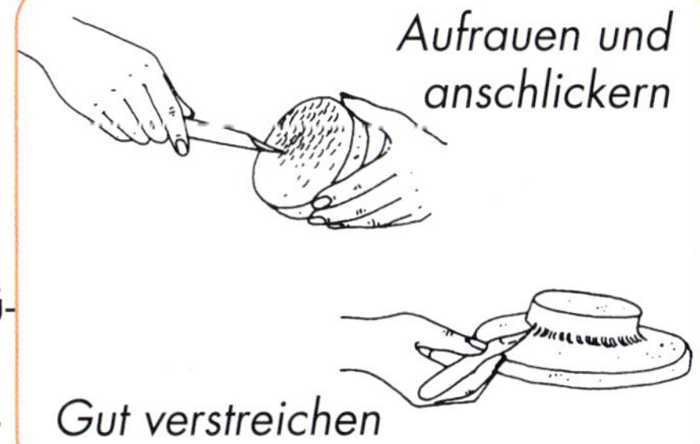

Die flüssige Engobe lässt sich mit dem ***Malhörnchen*** gut auftragen.

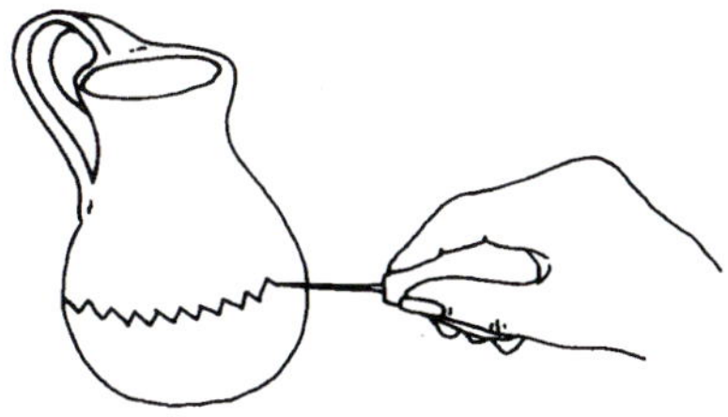

Die Aufbautechnik

Die Aufbautechnik mit Tonwülsten

Für die Basis, also den Gefäßboden, ist aus einer Tonkugel mit einem Rundholz eine Platte auszurollen. Damit die Tonplatte gleichmäßig dick wird, verwenden wir rechts und links je eine ca. 1 cm dicke Holzleiste, auf denen das Rundholz die Tonkugel, die zwischen den Holzleisten liegt, zur Platte formt.Die runde Form des Bodens schneidet man mithilfe einer Schablone aus. Die Tonwülste sollen möglichst fest und gleichmäßig gerollt werden. Achte auf mindestens fingerdicke Wülste! Bei zu dünnen Wülsten wird die Form instabil. Setze die sorgfältig abgemessenen Tonwülste gut aufeinander und überprüfe den richtigen Sitz von der Seite und von oben. Die „Nahtstellen", Anfang und Ende der Wülste, sollten sich bei jeder Reihe an einer anderen Stelle befinden. Hat die Form nicht die gewünschten Wölbungen, kann die Wulst wieder abgenommen und erneut aufgesetzt werden. Vermeide es, die Tonschlangen platt zu drücken oder zu verformen, um möglichst eine dünne Gefäßwand zu erreichen. Erst wenn zwei bis drei Wülste aufgelegt sind, werden die Fugen verstrichen. Dabei wird etwas Ton von oben nach unten – oder umgekehrt – in die Spalten geschoben. Dadurch wird die Wand etwas dünner. Zum Verstreichen der Tonwülste kann auch Tonschlicker verwendet werden, die ursprüngliche Stärke der Wand bleibt so erhalten. Während die eine Hand verstreicht, halten die Finger der andern Hand die Wülste von innen, oder wenn innen verstrichen wird, dann von außen dagegen. Ist der „Rohbau" des Gefäßes fertig, so können Mängel an der Form ausgebessert werden, z. B. Beulen von innen leicht nach außen biegen und damit begradigen, Ton anfügen bzw. wegnehmen, um die gewünschte Form zu erhalten. Eine andere Art des Gefäßaufbaues mit Tonwülsten ist das spiralförmige Ansetzen der Tonschlangen. Der Aufbau mit Tonbändern ist besonders für größere Gefäße geeignet.

Verstreichen mit Tonschlicker

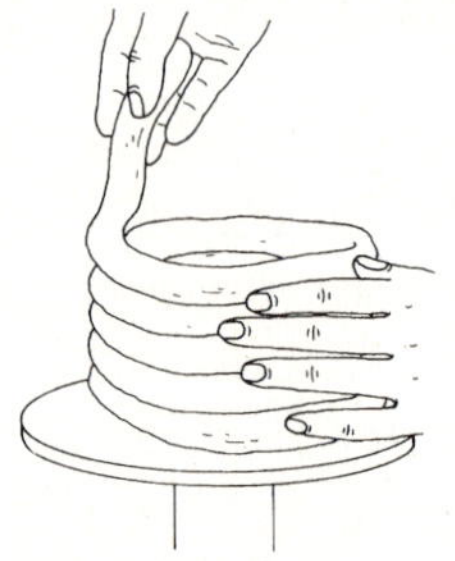

Spiralförmiges Ansetzen der Tonwülste

Aufbau mit Tonbändern

Formhaftes Gestalten

Schon bei der Verbindung von Bodenplatte und Wandung ist darauf zu achten, dass die gesamte Form eine Einheit bildet und nicht wie ein separater Abschnitt nun die Wölbung beginnt. Werden die Tonwülste leicht nach außen angesetzt, so entsteht die Wölbung automatisch nach außen. Soll die Wandung eher gerade nach oben zielen, dann sind die Wülste möglichst genau aufeinander zu setzen. Eine Verengung erreicht man durch das Anlegen der Tonschlangen am inneren Rand der letzten Wulst (z. B. beim Hals des Gefäßes). Eine ansprechende Gesamtform entsteht, wenn die Wölbung zur Basis hin ausläuft. Genauso wichtig ist das Ausschwingen der Form am oberen Abschluss der Lippe. Ist der obere und untere Teil der Gefäßform zu gleichförmig, wirkt das Gesamtbild oft etwas eintönig. Eine Abwechslung und Steigerung der Form nach oben hin kann als Gestaltungsprinzip berücksichtigt werden.

Wenn das Tongefäß im „Rohbau" fertig geformt und der Ton etwas angetrocknet ist, man spricht hier vom so genannten „lederharten Zustand", wird der Henkel gearbeitet. Der oder die Henkel sollten sich von der Stärke und Größe gut in das Gesamtgefüge einpassen. Damit an den Ansatzstellen keine Risse entstehen, ist es wichtig, den Henkel hier etwas dicker zu formen und gut mit Tonschlicker zu verstreichen.

Formen mit Ton

Verschiedene Gefäßformen

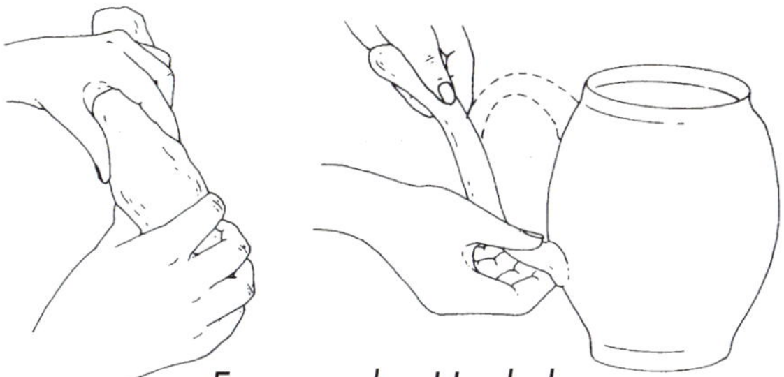

Formen des Henkels

Erst jetzt beginnt die Feinarbeit, wie z. B. das Glätten der Form. Leichtes Klopfen mit der Löffelrückseite oder einer flachen Holzleiste bewirkt Luftaustritt und Ebenmäßigkeit. Die Form glatt schaben gelingt mit einer Plastikteigkarte oder mit ausrangierten Brillengläsern, glatten Kieselsteinen oder polierten Halbedelsteinen. Bei zu trockenem Ton hilft leichtes Befeuchten mit einem Schwämmchen und anschließendes Glätten. Aber Vorsicht, der Ton darf nicht zu nass werden! Soll das Tongefäß glatt und glänzend werden, dann wird das Gefäß mit Schlicker überzogen und mit einem Polierstein, z. B. Halbedelstein, poliert. Du benötigst dazu viel Geduld, denn Benässen und Polieren müssen in vielen Arbeitsschritten geschehen, bis der Gegenstand rundherum so glänzt, dass eine Glasur nicht mehr nötig ist.

☞ Arbeitsauftrag

Bevor du mit dem Aufbau eines Gefäßes beginnst, zeichne eine Skizze. Beginne zuerst mit der Formung von einfachen Gefäßen, z. B. einem kleinen Tonbecher oder einer kleinen Tonschale. Achte auf gleichmäßig dicke Tonwülste oder Tonbänder! Bemühe dich um sorgfältiges Verstreichen. Deine Hände sind die wichtigsten „Werkzeuge" beim Töpfern und sie brauchen viel Übung! Ist dir das erste kleine Gefäß gelungen, so wirst du auch mit Freude an eine größere Aufgabe gehen.

Gefäßaufbau durch Umformen aus der Tonkugel mit anschließendem Aufbau mit Tonwülsten

Forme einen kleinen Becher

Schablonenschnitt der Gefäßform

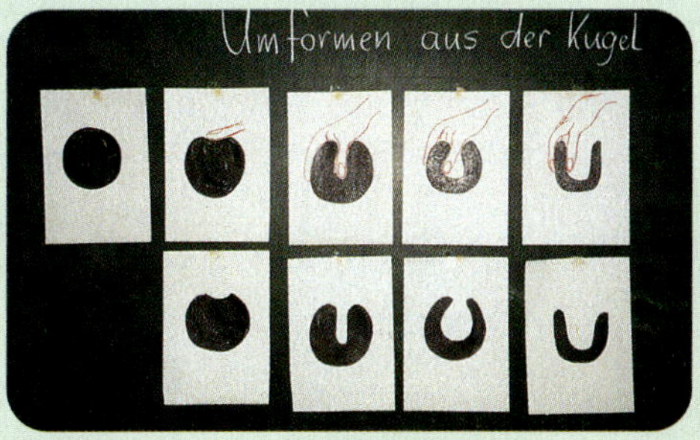

Umformen aus der Kugel

Oberflächengestaltung

Aufsetzen von Tonteilen

Tonwülste oder runde Noppen lassen sich auf dem noch feuchten Tongefäß durch Andrücken und gutes Verstreichen anbringen.
Bei angetrocknetem Ton („vorlederhart") muss Tonschlicker auf die Fläche aufgetragen werden und müssen die Tonkügelchen oder Wülste aufgedrückt und gut verstrichen werden. Beim Aufbau der Gefäßform mit Tonwülsten ergibt sich automatisch eine Gestaltung der äußeren Gefäßform. Wenn du beispielsweise die Wülste nur an der Innenseite des Gefäßes glatt streichst, dann ist die Außenfläche des Gefäßes durch die sichtbaren Tonschlangen dekoriert.

Tonschlangen bleiben außen als Dekoration sichtbar

Eindrücken, Stempeln, Einritzen

Mit verschiedenen Gegenständen, wie Modellierhölzchen, Zahnstocher, Nägel, Stempel und dergleichen, lässt sich der feuchte Ton mustern.
Einfache geometrische, immer wiederkehrende Stempeleindrücke in Reihen oder Ornamenten können auch mit einem Rollstempel oder Rädchen rund um das Gefäß angebracht werden.

Römischer Becher

Alte Tongefäße im prähistorischen Museum

Lederharte oder getrocknete Tongefäße lassen sich durch Einritzen gestalten. Besonders dekorativ wird die Musterung, wenn in die angefeuchteten Rillen weiß oder schwarz brennendes Tonpulver eingedrückt wird.

Engobieren

Engoben (farbige Tonschlicker) können auf verschiedene Weise auf das Gefäß aufgetragen werden. Bei großen Flächen eignet sich das ***Gießen***. Dabei können Muster ausgespart werden, wenn man z. B. Papierschablonen, Papierstreifen oder Papierschnipsel leicht anfeuchtet und auf die lederharte Keramik auflegt und anschließend die Engobe darüber gegossen wird. Unregelmäßige punktartige Muster entstehen durch ***Spritzen*** mit einem Sieb und einer kleinen Bürste, z. B. Zahnbürste. Die Konsistenz der Engobe sollte beim ***Stupfen*** mit einem Borstenpinsel oder Rundhölzchen relativ zähflüssig oder dick sein, damit sie am Stupfwerkzeug haftet und nicht verläuft. Dünne oder auch sehr feine Pinsel benötigt man zum ***Bemalen***. Auch durch ein so genanntes Malhorn oder Gießhorn, das meistens die Form eines Gummiballes mit verschiedenen Ausflussöffnungen hat, lässt sich die Engobe auf das Tongefäß auftragen.

Beachte: Das Dekor sollte sich immer der Gefäßform anpassen und diese betonen!

Malhorn-Set für Glasur und Engobe

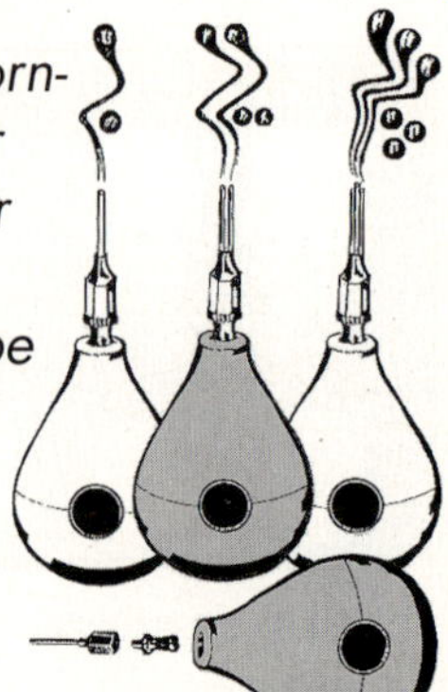

Oberflächengestaltung

Bemalen

Spritztechnik

Ausspartechnik

Stupfen

Bemalen

Glasieren

Streichglasuren sind dickflüssig und lassen sich mit dem Pinsel auf den ***gebrannten*** Tongegenstand auftragen. ***Gießglasuren*** sind dünnflüssig, in der Konsistenz wie

Milch oder Sahne, sie werden über die Tongefäße gegossen oder das Gefäß wird in die Glasur eingetaucht. Das mit Wasser angerührte Glasurpulver setzt sich immer wieder ab und muss unmittelbar vor dem Glasieren gut aufgerührt werden. Die Glasur zieht in die Poren der Tonwaren ein, trocknet sehr schnell und bildet eine Pulverschicht.

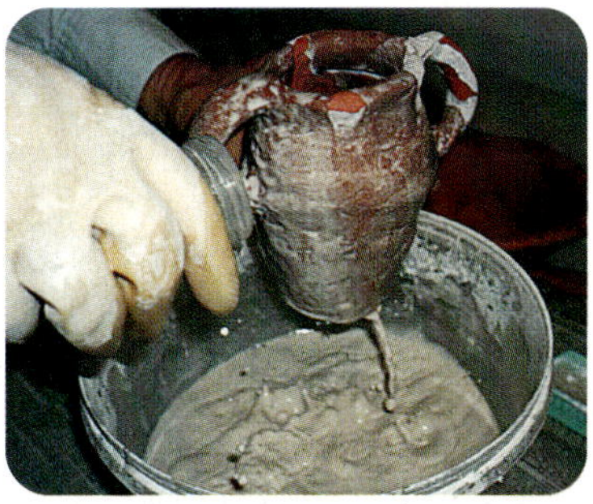

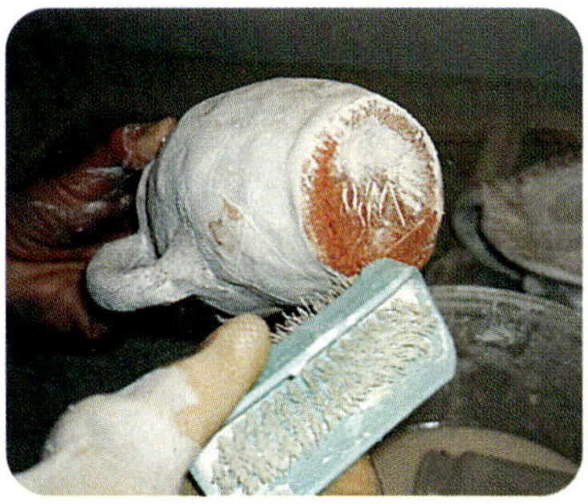

Standfläche vor dem Glasurbrand abbürsten

! Nur ungiftige, bleifreie Glasuren verwenden !

Fächerverbindung

Trocknen

Die Tongegenstände sollen langsam und gleichmäßig trocknen, damit keine Risse und Spannungen im Ton entstehen. Es ist empfehlenswert, das Trocknen erst in einem kühleren Raum zu beginnen und dann in einem wärmeren Raum zu beenden. Auch die Unterlage ist beim Trocknen wichtig, ein Holzbrett oder eine Spanplatte kann die Feuchtigkeit aufnehmen und so Risse vermeiden. Resopal-, Marmor- und Metallunterlagen nehmen keine Feuchte auf und es können beim Trocknen Spannungsrisse entstehen. Muss die Arbeit am Gegenstand unterbrochen werden, solltest du das Tongefäß, in einer Plastiktüte verpackt, in einem kühlen Raum aufbewahren – so bleibt der Ton feucht und kann dann weiterbearbeitet werden.

Brennen/Gestaltung

Brennen

Mit dem ersten Brand, dem ***Roh-*** oder ***Schrühbrand*** bei ca 900 °C, wird das Tongefäß hart und wasserfest. Das heißt, der gebrannte Ton löst sich im Wasser nicht mehr auf. Die Werkstücke sollten Platz sparend, z. B. auch ineinander gestellt, in den Brennofen eingeräumt werden.

Roh- oder Schrühbrand

Der vollautomatische Brennofen heizt dann langsam auf die gewünschte Temperatur (z. B. 900 °C) auf, die dann 15 bis 30 min gehalten wird. Die Brenndauer bis zum langsamen Abkühlen dauert ca. 8 bis 9 Stunden. Nach dem Schrühbrand wird das Werkstück zum Gebrauchsgegenstand. Der Scherben ist zwar fest geworden, aber nicht wasserundurchlässig. Erst nach einem Glasurauftrag und dem ***Glasurbrand***, bei ca. 1 000 °C bis 1 100 °C, ist das Gefäß wasserdicht. Beim Glasurbrand sollte die Stellfläche des Tongegenstandes abgewischt werden, bevor er in den Brennofen eingeräumt wird. Die Glasur schmilzt während des Brandes und würde dann an den Schamotteplatten festkleben. Kleine Dreikantleisten oder Dreikantfüßchen, so genannte ***Glasurstützen***, verhindern das Anhaften. Die glasierten Tongefäße dürfen sich im Brennofen nicht berühren und nicht zu dicht gestellt werden. Je nach Glasuranweisung wird der Brennofen auf die vorgeschriebene notwendige Temperatur eingestellt, zwischen 1 000 °C und 1 100 °C. Nach dem Glasurbrand müssen die Werkstücke langsam auskühlen, damit keine Sprünge und Risse entstehen.

Glasurbrand

Formgestaltung

Berücksichtigung der Zweckform, der Proportionen, der fachgerechten Aufbautechnik

Gestaltung der Oberfläche

Plastische Gestaltung

- Stempeln und Siegeln
- Ritzen auf glattem Grund
- Schneiden
- Aufsetzen von Tonteilen

Gestaltung

Stempeln

Engobieren (Bemalen)

Reliefplastische Verzierung

Alte Keramiken aus Griechenland

Ausschneiden von Formen

Aufsetzen von Tonteilen und Glasieren

Farbige Gestaltung

- Engobieren: Gießen, Spritzen, Ausspartechnik, Bemalen
- Glasieren

Glasieren

Glasieren

Zusammenfassung

Ägyptische Töpferscheibe, 2350 v. Chr.

Jede Kulturepoche hat auch in der Keramik ihre typischen Merkmale hinterlassen.

Deutsche Töpferscheibe um 1490

Vergleiche die Gefäßformen früherer Jahrhunderte mit denen der heutigen Zeit!

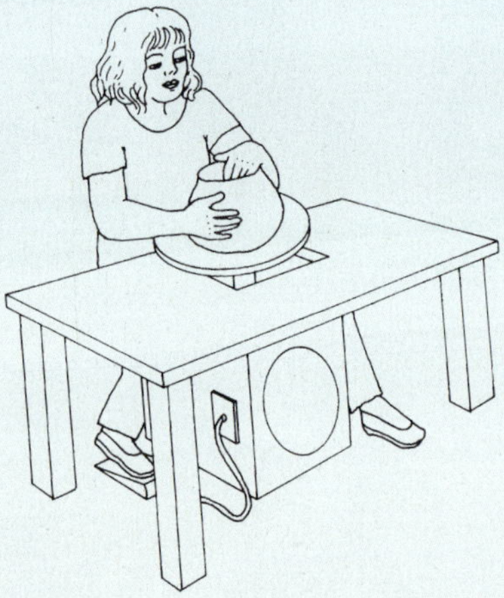

Heute mit Motor

Beim Modellieren und Gestalten der Tonarbeiten werden – bewusst oder unbewusst – individuelle Merkmale bzw. Wesenszüge des Töpfers in das Objekt eingebracht.
Betrachtet die Werkarbeiten eurer Mitschüle-
rund ordnet sie den „Keramikkünstlern" zu!

Gestalten von Flächen durch

Färben im Reserveverfahren

Papier/Stoffe/Wachs/Farben

Batik

Als Batik wird im Allgemeinen ein Färbeverfahren bezeichnet, bei dem verschiedene Stellen des Materials abgedeckt werden, sodass ein Eindringen der Farbe hier nicht möglich ist. Diese **reservierten** Stellen bilden das Muster als „Negativform". Diese Musterreservierung kann durch ***Faltungen***, z. B. bei ***Papierbatik,*** und bei Textilien durch ***Abbindetechniken,*** auch ***Plangi*** genannt, oder ***Abnähen*** einzelner Stoffpartien, als ***Nähbatik*** oder ***Tritik*** bezeichnet, oder wie bei der ***echten Batik*** mit flüssigem ***Wachsauftrag*** geschehen.

Abbindetechniken (Plangi)

Die Batiktechniken Plangi und Tritik finden wir überall auf der Welt. Vermutlich ist Ostasien das Gebiet, in dem vor etwa 2 000 Jahren durch Zufall das Färben und Mustern von Textilien im Reservierungsverfahren, der so genannten Batik, entstanden ist. Ob in Indien, Kambodscha, Java, Sumatra und Bali, China und Japan, aber auch in Westafrika, Peru und bei den Puebloindianern in Amerika, fand man immer ähnlich gestaltete Muster. Es ist anzunehmen, dass die Reservierungstechnik zufällig entstanden ist, z. B. durch ein gefaltetes oder geknotetes Tuch, welches unbeabsichtigt in einen Farbtopf gelegt wurde. Man entdeckte anschließend, dass weiße Musterstellen an dem Tuch zurückblieben.

Abnähtechnik (Tritik)

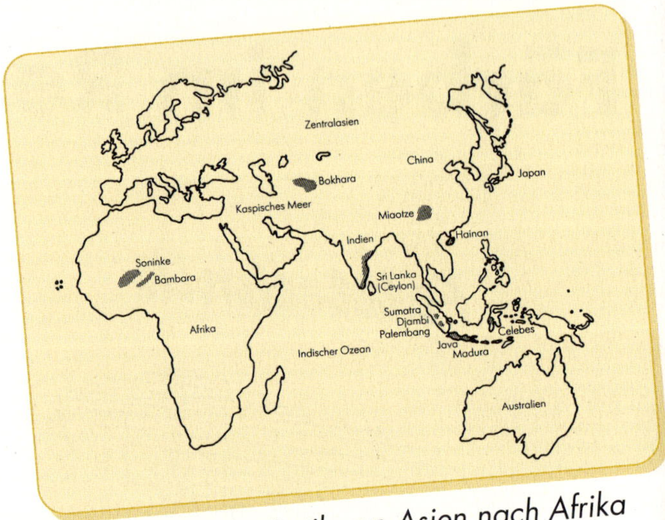

Verbreitung der Batik von Asien nach Afrika

Durch Versuche, Beobachtungen und Ideen wurden dann diese Techniken weiterentwickelt. Auf der Insel Java hat sich die Batikkunst zur Vollkommenheit entwickelt. Die Wachsbatikherstellung ist dort ein wichtiger Industriezweig.
Im 19. Jahrhundert kam die Batikkunst über Holland von dessen Kolonialstaaten nach Europa.
Eine Variation der Batiktechnik ist der Küpen- oder ***Blaudruck***, der im 18. Jahrhundert in Europa bekannt wurde. Hier wird mit einem gemusterten Holzmodel eine farbabweisende Masse (Wachs), der so genannte „Papp", auf die zu färbende Textilie aufgetragen. Der mit „Papp" bedruckte Stoff wird in die Küpe (Farbflotte) getaucht, wobei das textile Material die Farbe an den Stellen aufnimmt, die nicht mit „Papp" bedruckt sind. Die Musterstellen bleiben weiß, wie das Gewebe ursprünglich war.

Die Musterstellen bleiben weiß …

Papier/Stoffe/Wachs/Farben

In Europa konnten sich vor vielen hundert Jahren nur reiche Fürsten und Geistliche farbenprächtige Kleidung leisten. Die Herstellung leuchtender Farben aus pflanzlichen Stoffen wie Rinden, Wurzeln und Blättern, die grüne und gelbe Farbtöne erzeugten, war zeitaufwendig und kostspielig. Das berühmte Purpurrot der Königsmäntel wurde aus der Purpurschnecke gewonnen. Für 1 g Farbe benötigte man 8000 Schnecken. Die ***Blaufärbung*** mit der Pflanze ***Waid*** war in Nordeuropa schon im Mittelalter bekannt (Waid: auch Färberwaid genannt, eine bis zu 1 m hohe Pflanze, die damals als Färberpflanze zum Blaufärben angebaut wurde).

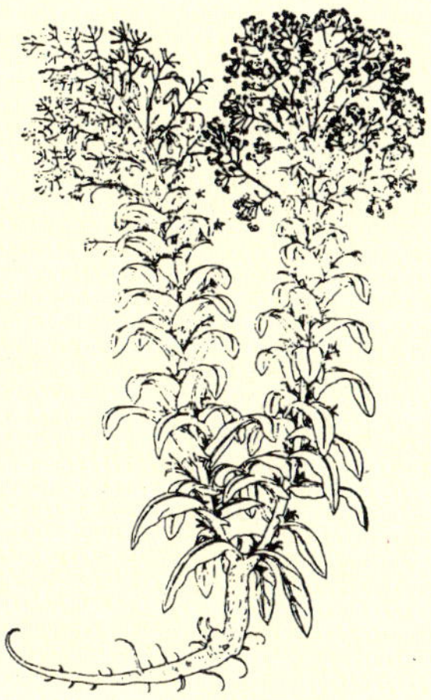

Die Pflanze Waid (auch Färberwaid genannt)

Indigopflanze zur Gewinnung von blauem Farbstoff

In einigen Gebieten lebte die Bevölkerung fast ausschließlich vom Anbau und Handel mit Waid. Erst im 16. Jahrhundert kam durch den verstärkten Warenaustausch mit Asien der blaue Farbstoff der Indigopflanze nach Europa.

Fächerverbindung

Faltbatik

Für Faltbatik eignet sich ***„Batikpapier"***, das sehr dünn und saugfähig ist. Es wird auch oft als „Japanpapier" angeboten. Auch dünne Stoffe wie ***Batikseide*** oder dünner ***Baumwollbatist*** lassen sich gut färben, wenn sie ***appreturfrei*** sind. Batikfarben sind im Fachhandel in kleinen Tüten mit 10 g oder auch 25 g Farbpulver erhältlich.

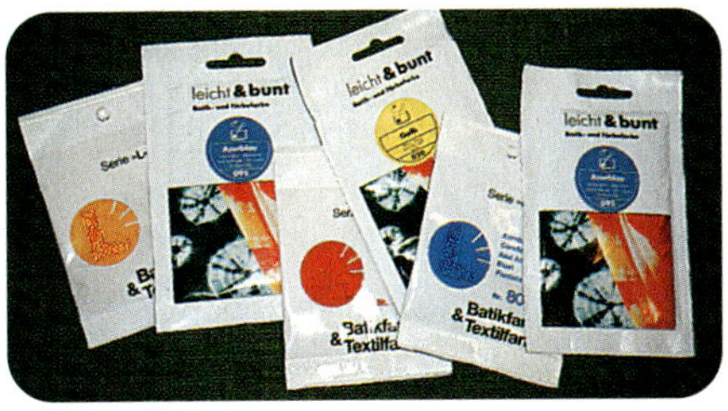

Batikfarben

Die Farben sind nach Gebrauchsanweisung aufzulösen, z. B. mit einem Esslöffel Salz und ca. 1 l kochendem Wasser. Für die Faltbatik eignen sich auch kalte Batikfarbreste, die beim letzten Färben übrig geblieben sind und vorsorglich in Schraubgläsern aufbewahrt wurden. Das kalte Farbkonzentrat in standfeste, niedrige Gefäße geben, wie ***Plastikbehälter*** von Quark oder Salatschalen. Zum Abdecken des Arbeitsplatzes altes ***Zeitungspapier*** verwenden.

Batikfarben

Plastikbehälter (und Arbeitsplatz)

Beim Färbevorgang ist es sinnvoll, einen Malerkittel anzuziehen oder eine Schürze umzubinden. Um das gefärbte Material wieder zu glätten, benötigt man ein Bügeleisen, ein Bügelbrett, mit altem Stoff überzogen, und saugfähiges Küchenkrepp.

Papier/Stoffe/Wachs/Farben

Abbindebatik

Textile Stoffe

Geeignet sind alle hellen, ***appreturfreien*** Stoffe mit glatter Oberfläche aus Baumwolle, Seide, Leinen oder Viskose. Für die ersten Färbeversuche sind oft gewaschene, aussortierte Bettwäsche, alte weiße Tischtücher, Servietten, Nesseltaschen oder T-Shirts empfehlenswert.

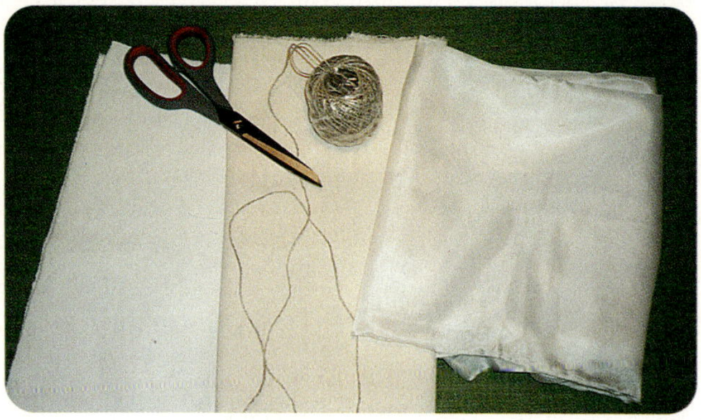

Appreturfreie Stoffe und dünne Paketschnur

Abbindematerial

Zum ***Abbinden*** eignen sich dünne Paketschnur (z. B. Hanfgarn), fest gezwirnte Garne oder Leinenzwirn. Bei zu locker gedrehten Hanfgarnen lösen sich oft Fasern ab, die dann nur mit Mühe vom Stoff zu entfernen sind.

Gefäße zum Färben

Zum Färben eignen sich Schüsseln oder Eimer aus Kunststoff (Plastik), die so groß sein müssen, dass der zu färbende Stoff vollständig in der Farbe liegt. Luftdicht verschließbare Eimer oder Schüsseln sind recht praktisch. Die Farbflotte kann so problemlos aufbewahrt werden und zum nächsten Färben in einem alten Kochtopf wieder erhitzt und weiterverwendet werden. Zum Umrühren sind alte Plastikkochlöffel oder glatte Rundstäbe aus Holz geeignet.

Batikfarbe

Den Inhalt eines Beutels Batikfarbe mit einem Esslöffel Salz in 1 l kochendem Wasser in einer Schüssel oder einem Eimer auflösen. Gut umrühren, damit sich die Farbe vollständig vermischt. Je nach Umfang des zu färbenden Stoffes und der gewünschten Farbintensität noch zusätzlich heißes Wasser dazugießen. Die Farbflotte kann wie bereits beschrieben aufbewahrt werden und sollte aus Kosten- und Umweltgründen so oft verwendet werden, bis sie keine Farbe mehr abgibt. Die Batikfarben sind ***synthetische Farben.*** Sie müssen ***lichtecht,*** das heißt sie dürfen durch Sonnenlicht nicht ausbleichen, und ***waschbar*** sein, meistens bis 30 °C. Es gibt auch Naturfarben, die aus Pflanzenteilen oder Mineralien gewonnen werden. Das Färben mit Pflanzenfarbstoffen ist komplizierter und zeitaufwendiger.

Hilfsmittel

Gummihandschuhe und eine Schürze oder ein Malerkittel schützen Hände und Kleidung vor unerwünschten Farbflecken. Zum Abdecken der Arbeitsplätze eignen sich alte Zeitungen oder Abdeckfolien.

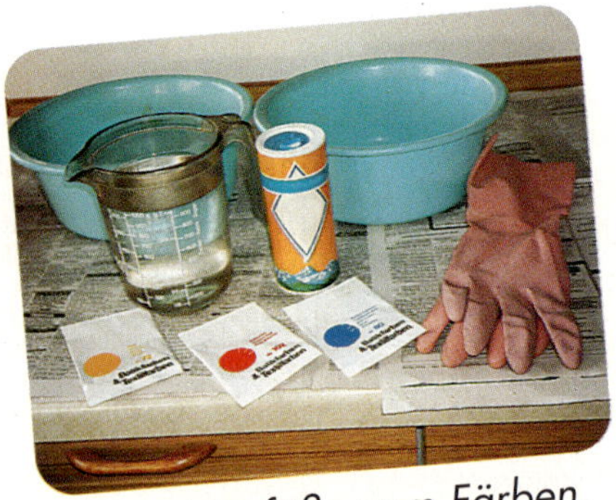

Gefäße zum Färben, Batikfarbe, Hilfsmittel

Zur Nachbehandlung

Gegenstände, die oft gewaschen werden, wie z. B. T-Shirt, Schal, Kissen, kann man mit einem dafür geeigneten Nachbehandlungsmittel spülen und somit die Farben fixieren.

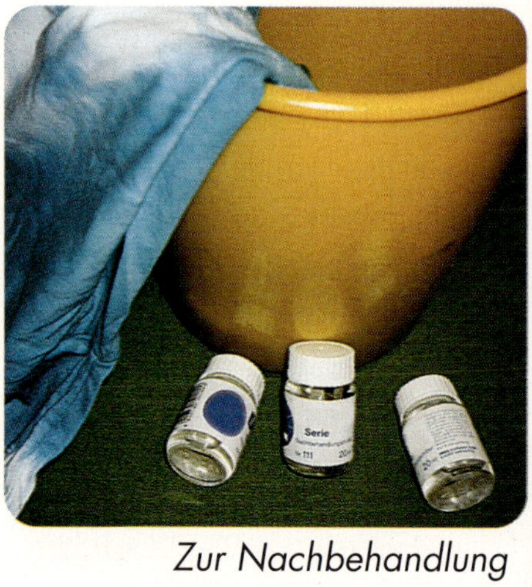

Zur Nachbehandlung

Faltbatik

Faltbatik

Eine alte japanische Technik ist die ***Papierbatik***, bei der sehr schnell und auf einfache Weise das Färben und Reservieren durch Falten und Abdrücken erlernt werden kann.

Faltbatik

Verschiedene Faltungen

Damit du qualitativ gute und vielfältige Muster erhältst, sind folgende Arbeitsweisen sinnvoll:

- Falte immer auf einer glatten, festen Unterlage.
- Die Faltungen mit der Fingerkuppe gründlich ausstreichen. Nicht mit dem Fingernagel, sonst reißt das dünne Batikpapier.
- Das Muster wird interessanter, je öfter das Papier oder der Stoff gefaltet wird. Die Grundfaltungen lassen sich immer wieder abwandeln. Aber beachte: Bei zu dick gefaltetem Papier wird die Färbung nicht mehr gleichmäßig.

Einfache Schlangenlinie *Halbkreis*

Doppelschlange *Kreis*

Der Halbkreis

(Faltschritte)

1. Falte das Papier so, dass du eine Mittellinie erhältst, wenn das Papier wieder geöffnet wird.
2. Falte nun die beiden Ecken an die Mittellinie.
3. Falte die schrägen Kanten mehrmals an die Mittellinie.
4. Falte das Papier an der Mittellinie nach hinten. Nun kannst du mit dem Färben beginnen.

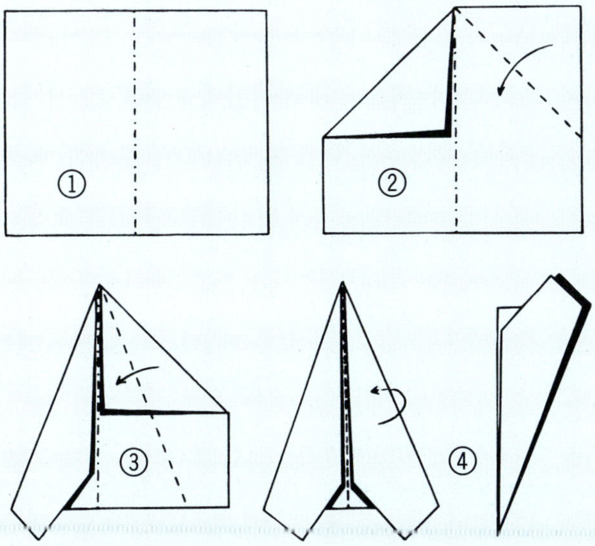

Der Kreis

Das Papier zur Hälfte falten.

Nun die Faltschritte wie beim Halbkreis durchführen.

Die einfache Schlangenlinie (Faltschritte)

1. Falte das Papier in der Mitte zusammen und öffne es wieder, sodass die Mittellinie sichtbar ist.
2. Falte die zwei schräg gegenüberliegenden Ecken an die Mittellinie.
3. Die schrägen Kanten nun möglichst oft zur Mittellinie falten.
4. Falte das Papier an der Mittellinie nach hinten.
5. Nun das Papier auf die Hälfte zusammenfalten. Das Tauchfärben kann jetzt beginnen.

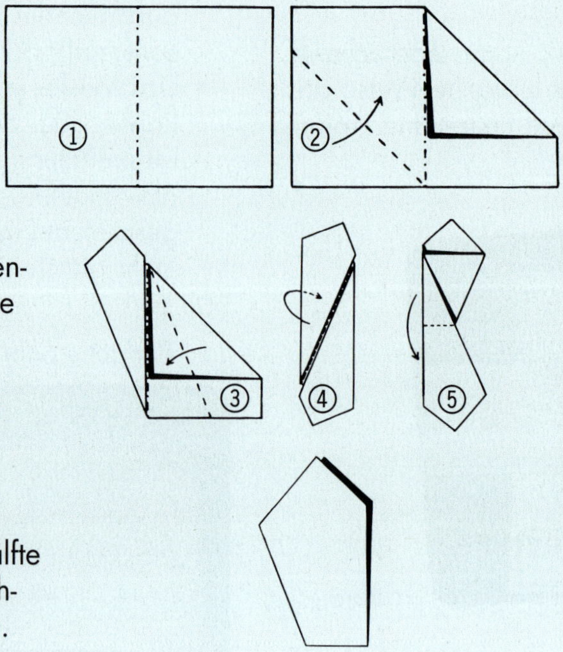

Die Doppelschlange

Erst das Papier zur Hälfte falten (wie beim Kreis), aber noch nicht öffnen, sondern nochmals zur Hälfte falten, danach öffnen und dann die Faltungen wie bei der „einfachen Schlange" durchführen.

Das Quadrat

1. Ein quadratisch zugeschnittenes Batikpapier (oder dünner Stoff) zur Hälfte zusammenfalten und nicht mehr öffnen.
2. Durch weiteres Falten und Öffnen die Mittellinie markieren.
3. Falte die beiden an der geschlossenen Seite liegenden Ecken bis an die Mittellinie.
4. Nun die beiden spitzen Ecken an die Mittellinie falten und diese Faltung möglichst oft wiederholen.
5. Das Papier in der Mittellinie nach hinten falten.
6. Falte das Papier noch einmal von unten nach oben.

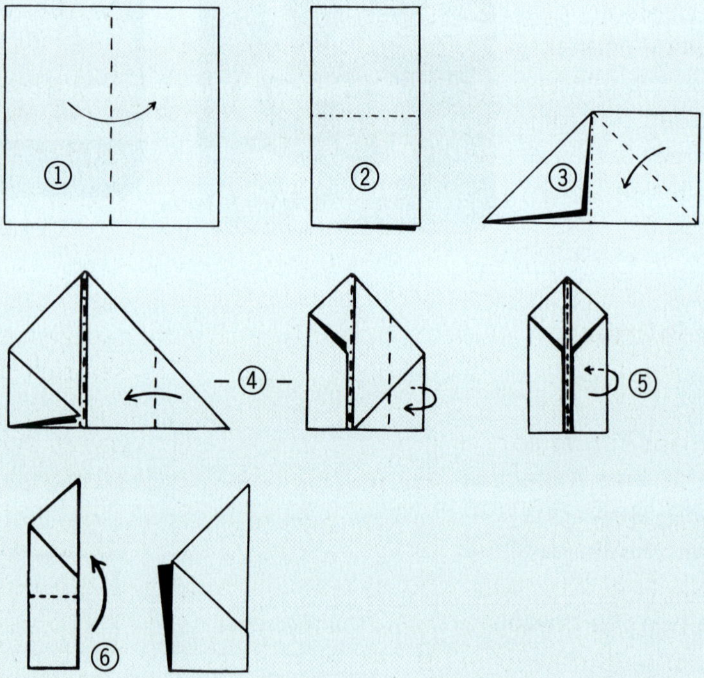

Das Färben und Mustern durch Reservieren

Beim Eintauchen in die Farbe mit der schmalsten Stelle des gefalteten Papiers beginnen (bei gefaltetem Kreis mit der Spitze). Das Batikpapier ist sehr saugfähig, deshalb **nur kurz** und nicht zu tief **eintauchen.** Du kannst das Aufsteigen der Farbe nun gut beobachten. Den gefärbten Teil nun hochbiegen und den als nächsten zu färbenden Teil in die gewünschte Farbe eintauchen. Dieser Tauch- und Biegevorgang kann nun so oft wiederholt werden, bis das Papier vollständig gefärbt ist.

Faltbatik

Um beim Färben ungewollte Farbflecken zu vermeiden, kann man, wenn der bereits gefärbte Teil hochgebogen wird, das ungefärbte Papier vor einem Abfärben schützen, indem man ein Stück Zeitungspapier zwischen gefärbten und ungefärbten Teil einlegt.

Nur kurz eintauchen

Die Stellen, die nicht gefärbt werden sollen, können mit Daumen und Zeigefinger oder einer Wäscheklammer abgedrückt werden.
Verschiedene ***Musterungen*** entstehen durch:

- die ***Farbauswahl,*** z. B. Ton in Ton, Farbfamilien wie Gelb oder in Rot bis Lila und durch bewusste oder unbewusste Farbmischungen.
- das unterschiedliche ***Eintauchen*** des Papiers:

Farbkreis Grundfarben

Farbkreis Grund- und Mischfarben

- parallel zur Faltrichtung,
- Eintauchen der durch die Faltung entstandenen Ecken ergibt punktartige Muster,
- durch Richtungsänderungen beim Eintauchen (Färben der Ecken oder Kanten),
- Zusammendrehen oder Überfärben.

Trocknen

Als Nächstes lege das gefärbte Papier zwischen zwei Lagen saugfähiges Papier, z. B. Zeitungspapier oder Küchenkrepp, und drücke es leicht aus.

Trocknen zwischen saugfähigem Papier

Beim Auseinanderfalten musst du sehr vorsichtig sein, da das nasse Papier sehr leicht reißt. Falte es nur so weit auf, wie es ohne Risiko geht. Am besten lässt du es dann erst wieder auf dem Zeitungspapier trocknen, bevor du weiter auffaltest.

Bügeln

Wenn das Batikpapier noch leicht feucht ist, lässt es sich am besten glatt bügeln. Die Faltlinien sind dann ganz verschwunden. Ist es aber noch zu nass, dann verblassen die Farben.
Damit keine Farbreste am Bügeleisen und am Bügelbrett haften bleiben, ist es ratsam, die gestalteten Papiere zwischen zwei Küchenkrepps zu bügeln.

Bügeln

Beachte: Zur weiteren Verwendung lassen sich die gebatikten Papiere am besten auf einen weißen Hintergrund mit Klebestift befestigen. Die Farben kommen so sehr gut zur Wirkung.

... die gebatikten Papiere auf einem weißen Hintergrund mit Klebestift befestigen

☞ Arbeitsauftrag

Falte Batikpapier und einen Probefleck aus Seide für den Halbkreis. Gestalte die verschiedenen Materialien durch Tauchfärben und beurteile die Ergebnisse!
Probiere andere Faltungen mit dem Batikpapier aus wie z. B. Parallelfaltung oder „Ziehharmonikafaltung“.

Abbindebatik

Bei textilen Geweben ist die einfachste und schnellste Art der Reservierung das Abbinden einzelner Stellen mit Schnur oder festem Zwirn. Diese Technik wird ***Plangi, Binde-*** oder ***Schnurbatik*** genannt.

Verschiedene Abbindetechniken

Vorbereiten der Stoffe

Neue Stoffe sind oft mit einer Appretur (eine Schmutz und Wasser abweisende Oberflächenbehandlung) ausgerüstet. Damit das Gewebe gleichmäßig gefärbt werden kann, muss die Appretur so heiß wie möglich herausgewaschen werden. Dabei darf kein Weichspüler verwendet werden.

Das textile Material bügeln und zuschneiden, z. B. als Probeflecken, Halstücher, Kissen oder Taschen.

Verschiedene Abbindetechniken

- ***Streifentechnik***
  Den Stoff ziehharmonikaartig falten. Dann an mehreren Stellen dünne und breitere Partien fest abbinden.
  Durch Bügeln des gefalteten Stoffes erhält man eine bleibende Faltung.

Streifentechnik ...

... durch Bügeln des gefalteten Stoffes

- ***Kreistechnik***
  Den Stoff in der Mitte des gewünschten Kreises hochziehen und in verschiedenen Abständen abbinden.

Kreistechnik

- ***Einbinden von Steinen***
  Kieselsteine zusammen oder einzeln, je nach gewünschter Größe, einbinden.

Einbinden von Steinen

- ***Knotentechnik***
  Den Stoff an verschiedenen Stellen knoten.

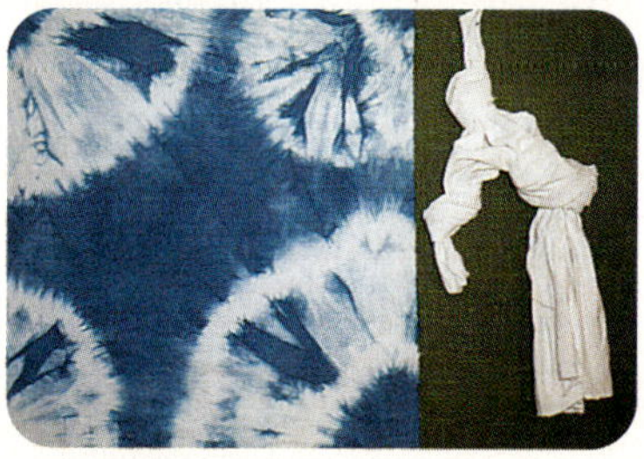

Knotentechnik

☞ Arbeitsauftrag

Du kannst selbst noch andere Abbindetechniken erproben wie z. B. die Knülltechnik, die Päckchentechnik, oder den Stoff knoten und Streifen abbinden.

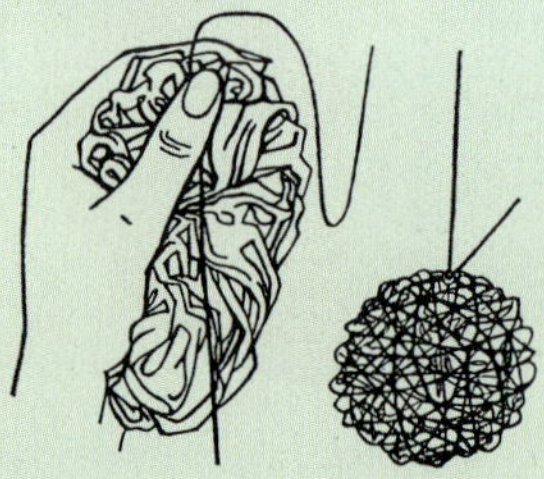

Knüllen

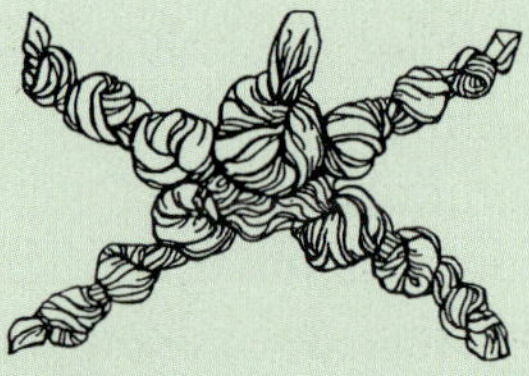

Knoten

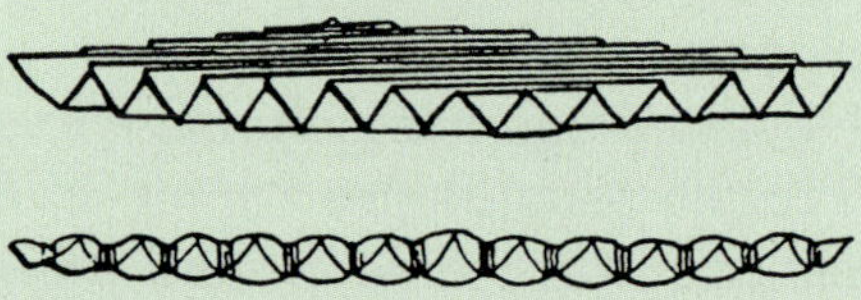

Falten

Abbindebatik

- ***Nähtechnik oder Tritik***
  Die Musterung entsteht durch Abnähen mit kleinen Vorderstichen in Linien oder im Kreis. Der Nähfaden wird dann angezogen, bis enge Falten entstehen, und am Schluss verknotet oder vernäht. Die Muster sind deutlich zarter.
  Es eignen sich für diese Technik nur feine bis mittelfeste Stoffqualitäten.

Linien abnähen

Kreis abnähen

Das Färben

Damit das abgebundene Stoffteil die Farbe gut aufnehmen kann, ist es zweckmäßig, das Stoffteil in warmes Wasser zu tauchen, gut auszuwringen und dann in das Farbbad zu legen. Je intensiver die Farbe in den Stoff eindringen soll, desto länger lässt du das abgebundene Teil im Farbbad liegen in der Regel zwischen 15 und 20 Minuten. Während des Färbens das abgebundene Teil hin und her bewegen, damit die Farbe gleichmäßig eindringen kann. Dann das gefärbte Stück gut ausdrücken und so lange ausspülen, bis keine Farbe mehr im Spülwasser ist. Für eine zweite Färbung erneut Stellen abbinden und nun in eine andere Farbe legen.

Färben

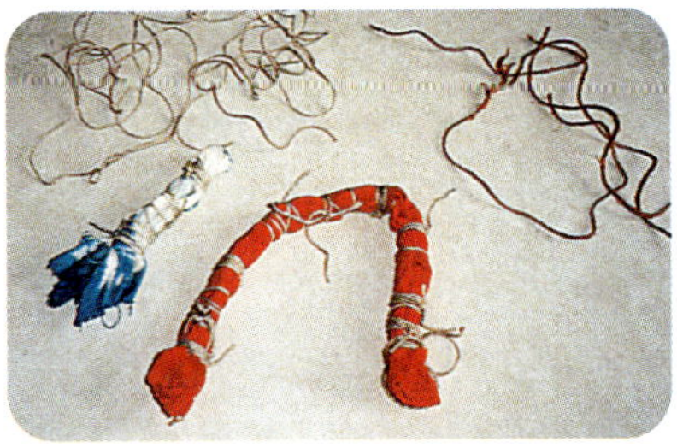

Für eine zweite Färbung erneut Stellen abbinden

Abbindefäden vorsichtig öffnen

Folgende Färbegänge sind gut geeignet:Gelb und dann Rot – oder Gelb und Blau – oder Rot und Blau – oder Grün und Blau. Es entstehen dann Mischfarben wie Orange, Grün, Lila oder Türkis.
Nach dem letzten Färben und Ausspülen die Abbindefäden vorsichtig öffnen, dabei aber nicht in den Stoff schneiden. Anschließend das Gefärbte zum Trocknen aufhängen. Darauf achten, dass die Teile glatt und ohne Knicke hängen, damit keine unerwünschten Farbstreifen entstehen. Gegenstände, die oft gewaschen werden, wie T-Shirts, Kissen, Taschen, Beutel, können mit einem speziellen Fixierbad behandelt werden, um das „Ausbluten" der Farbe beim Waschen zu verhindern.

Beachte bei mehrfacher Färbung: Immer mit der hellsten Farbe beginnen. Also vom ***„Hellen zum Dunklen"*** färben! Es ergeben sich dann Mischfarben.
Die Farbintensität ist abhängig von:
- der Farbkonzentration des Farbbades
- der Temperatur des Farbbades
- der Färbedauer (z. B. zwischen 10 min und 30 min)

Fächerverbindung

Wahrscheinlich hast du im Fach Kunsterziehung schon von den Farbkreisen und den Farbmischungen gehört.
Über die Faktoren der Farbwirkungen, die Reflexion, die Absorption und Transmission des Lichtes, bist du sicher bereits im Fach Physik/Chemie und Biologie unterrichtet worden. (Farbkreis siehe S. 49)

Musterbildung:

1. durch die **Abbindetechnik (Plangi)** und **Abnähtechnik (Tritik):**
   Es entstehen unscharfe Fleckfiguren, Punkte, Querstriche, Streifen und fließende Farbübergänge. Oft ist die Musterung mehr oder weniger dem Zufall überlassen. Ordnungsprinzipien der Musterung, wie „Streuung" (Einbinden von Steinen), Reihung (Ziehharmonikafaltungen) und Zentrierung (Kreis abbinden), ergeben sich durch die unterschiedliche Abbindetechnik.

Streuung

Reihung

Zentrierung

2. durch die **Farbauswahl:**
   z. B. Ton in Ton: verschiedene Blau-, Grün-, Rottöne,
   Grundfarben und Mischfarben wie:
   - Gelb und Blau ergeben die Mischfarbe Grün,
   - Rot und Blau ergeben die Mischfarbe Lila,
   Hell-Dunkel-Kontraste im Farbton und in der Farbintensität.

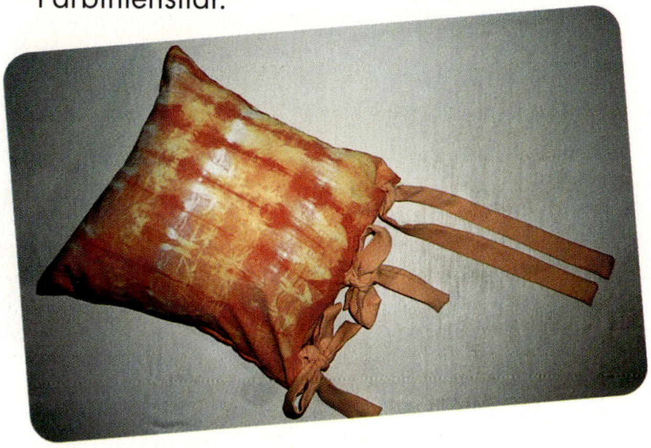

Ton in Ton

Grundfarben und Mischfarben, Hell-Dunkel-Kontraste

Gegenstände, Anregungen

- Tücher
- Schals
- Haarbänder
- T-Shirts
- Taschen
- Kissen usw.

Aus den Färbeversuchen werden Halstücher ...

Gestaltung

… oder „Schlampermäppchen“

… oder Haargummibänder

Aus großen Tüchern …

… werden Wickelröcke

Weitere Verwendung zu Briefkarten

! Zusammenfassung

Du hast nun praktische Erfahrungen mit der Abbindebatik gemacht.
Ergänze die wichtigsten Regeln für ein gutes Gelingen!

1. Ob bandartig oder kreuzweise – immer **fest** ...?...?...?...?...?...?...?...?...?...!

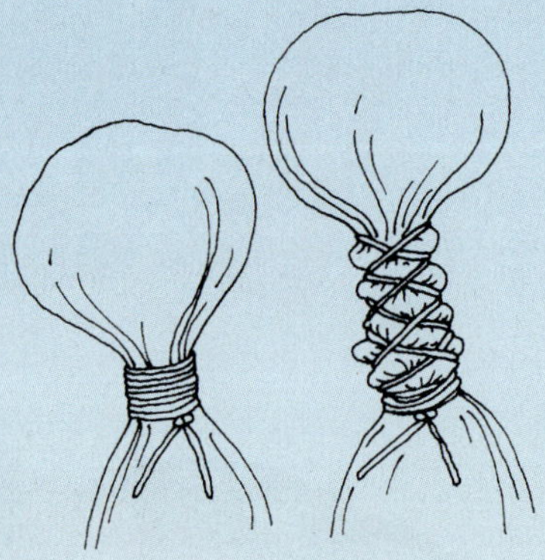

2. Vor dem Färben den abgebundenen Stoff

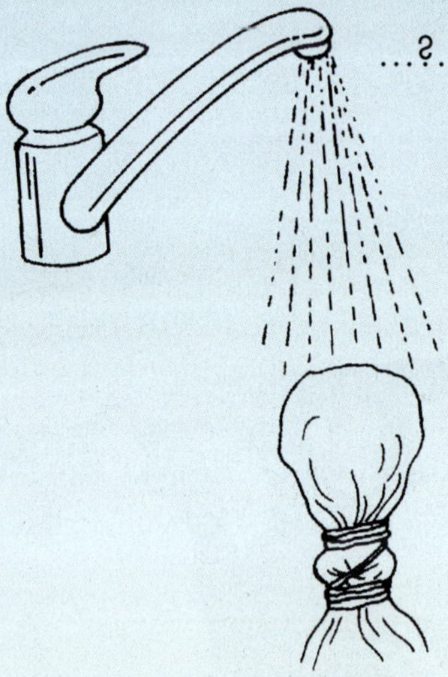

...?...?...?...?...?...?...?!

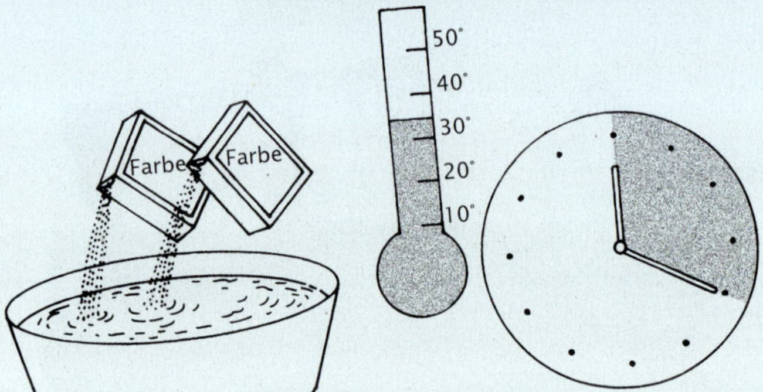

3. Die Farbintensität ist abhängig von:

– ...?...?...?...?...?...?...?...?...?...?...?...?

– ...?...?...?...?...?...?...?...?...?...?...?...?

– ...?...?...?...?...?...?...?...?...?...?...?...?

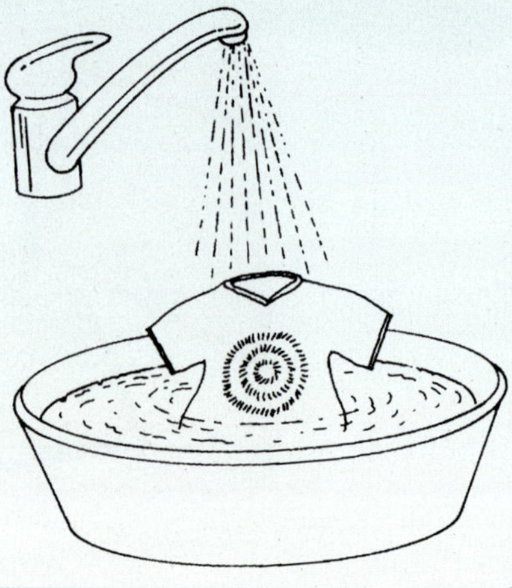

4. Nach dem Färben immer ...?...?...?...?...?...?...?...?...?...?...!

Konstruktives Gestalten mit **Metall**

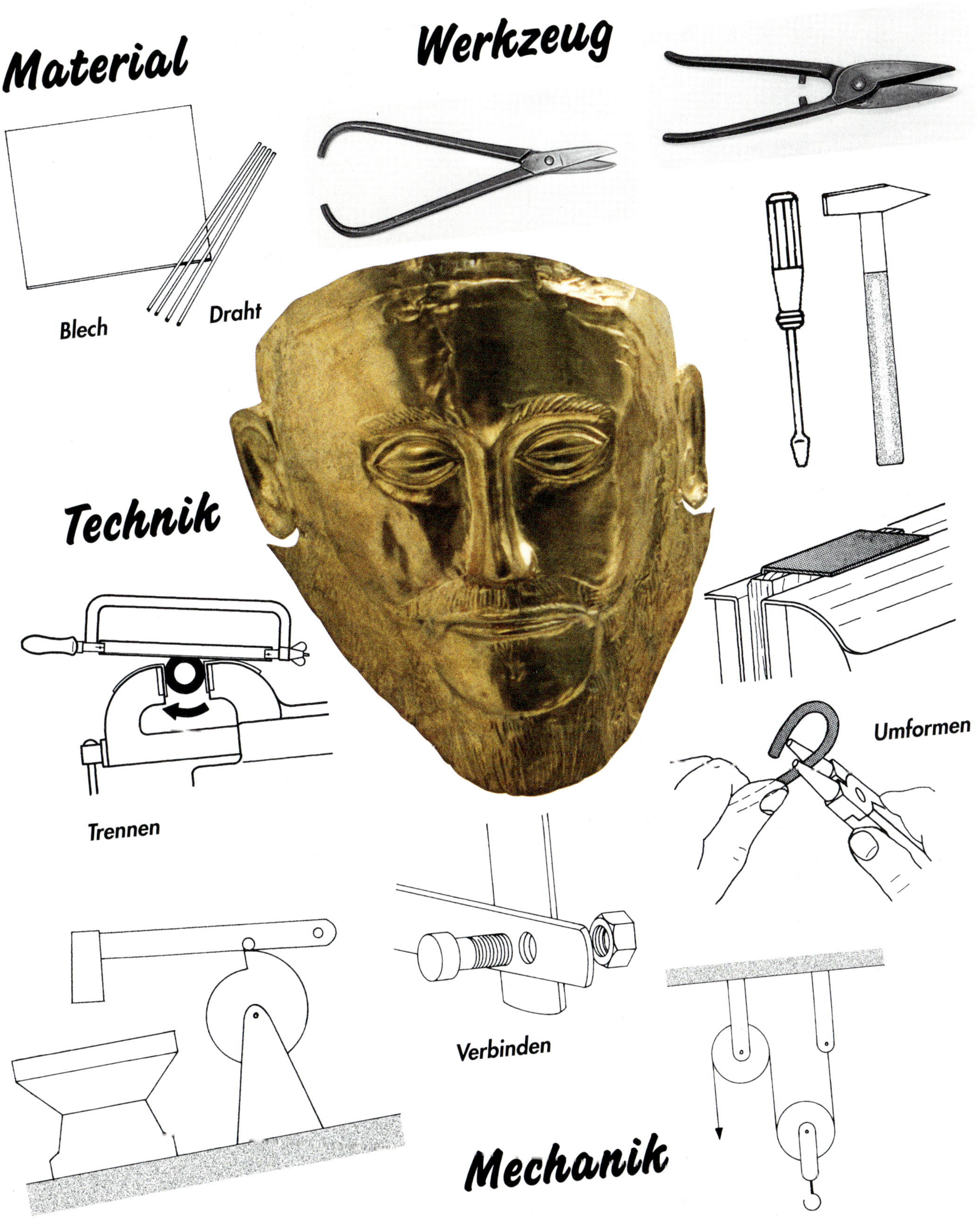

Material

Geschichtlicher Rückblick

Aufgrund von Ausgrabungen weiß man, dass Menschen bereits schon vor 10 000 Jahren Metalle verarbeitet haben. Es waren Metalle, die in der Natur ziemlich rein vorkommen (Gold und Kupfer), die verformbar sind und einen relativ niedrigen Schmelzpunkt haben. Die Metalle wurden zu Gebrauchsgegenständen, Schmuck und Waffen verarbeitet.

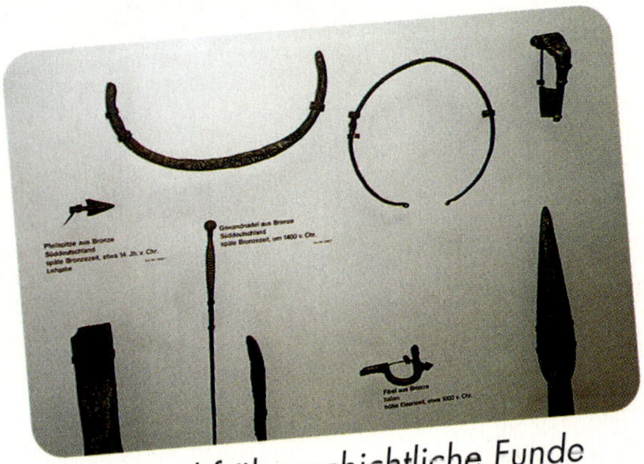

Vor- und frühgeschichtliche Funde aus Gold, Silber und Kupfer

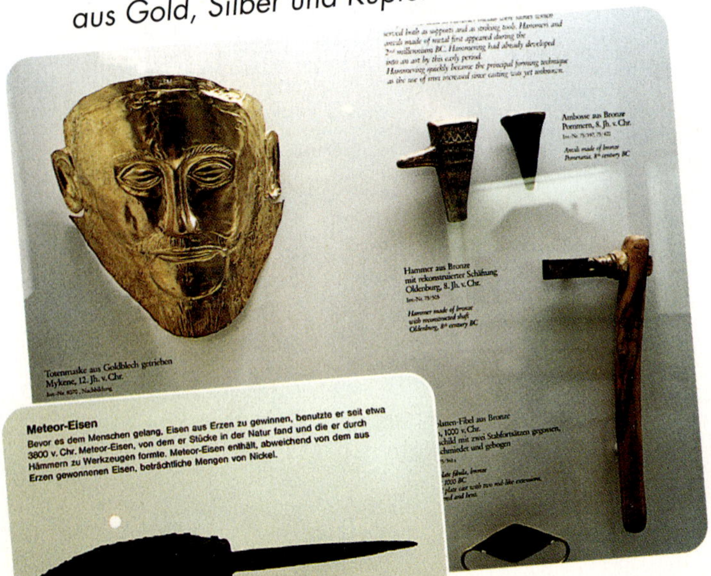

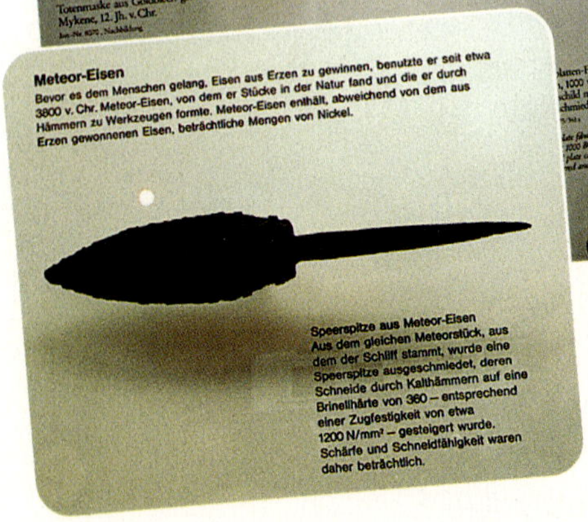

Speerspitze aus Meteor-Eisen

Es entwickelten sich eine geographische und handwerkliche Spezialisierung für bestimmte Metallgegenstände und die ersten Ansätze zum Schmieden und Gießen als Technik der Metallverarbeitung. Auch Eisen wurde damals bereits bearbeitet, es war Meteor-Eisen mit einem hohen Anteil an Nickel, Rückstände von Meteoriten aus dem Weltall, die auf der Erde einschlugen.

Wann erstmals Metalle aus den natürlichen Metallverbindungen, den Erzen, gewonnen wurden, ist nicht exakt bekannt, allerdings wusste man bereits vor ca. 6 000 Jahren, wie man Kupfer (und wahrscheinlich auch Blei) aus Erzen gewinnt. Die Erze wurden in Schmelzfeuergruben und einfachen Schmelzöfen zu Metall verarbeitet. Gold- und Silberschmuck aus dem 4. Jahrtausend v. Chr., gefunden in Mesopotamien, hatte bereits Lötverbindungen, sehr alte Prunkstücke aus Ägypten wiesen ebenfalls Lötstellen auf. Im 4. und 3. Jahrtausend v. Chr. wurden Metalle auch zu Handel und Tausch genutzt. Man konnte in dieser Zeit schon verschiedene Metalle aus Erzen herstellen, z. B. Gold, Silber, Kupfer, Zinn, Blei, Eisen und auch Quecksilber. Bekannt waren auch die Legierungen von Bronze und Messing. Eine ganze Zeitepoche, die Bronzezeit, von 2500 bis 800 vor Chr., wurde nach dieser Legierung aus Kupfer und Zinn benannt.

Mittelalterlicher Schmelzofen

Der technische Fortschritt bei der Metallgewinnung fand überwiegend dort statt, wo entsprechende Erze abgebaut werden konnten und genügend Brennmaterial (Holz bzw. Holzkohle) vorhanden war, um die Metalle aus den Erzen zu schmelzen.

Metalle

Material

Vor ca. 500 Jahren, während der Renaissance, begann eine Entwicklung zur modernen Metallurgie. Steigende Nachfrage und Produktion von Metallen zogen immer neuere und modernere Verfahren und auch neue Metalle nach sich. Es entstanden die technischen und wissenschaftlichen Grundlagen zur Industrialisierung im 19. Jahrhundert.
Der Schmied ist einer der ältesten Metallberufe, bereits vor 10 000 Jahren wurden Metalle (Gold und Bronze) geschmiedet.

Mittelalterliche Schmiede

Werkzeuge, Beschläge an Türen, Gittertore, Schlösser, Waffen und Rüstungen wurden in Schmiedewerkstätten hergestellt.

Modell eines Schmelzofens im Mittelalter

Viele Metall verarbeitende Berufe wie Schlosser, Klempner, Werkzeugmacher, Karosseriebauer, usw. haben sich im Laufe der Zeit daraus entwickelt. In der Industrie wird heute die Metallbearbeitung von computergesteuerten Maschinen durchgeführt, und zwar in einer Präzision und Schnelligkeit, die von Menschen nicht erreichbar ist.

G/Sk/Ek

Fächerverbindung

Metalleigenschaften

Metalle sind chemische Elemente, die als reine Stoffe sehr selten vorkommen, sie sind meistens ein Gemenge verschiedener Grundstoffe und deren chemischer Verbindung (Erze = metallhaltiges Gestein).

Erze werden oft unter schwierigsten Bedingungen in der Erde abgebaut (unter Tag). Anschließend werden die Metalloxide in Hochöfen aus dem Gestein geschmolzen und nach Bedarf veredelt.

Beim Mischen verschiedener Metalle entsteht eine Legierung, z. B. ergibt das Mischen von Kupfer mit Zink die ***Legierung*** Messing.

Metalle/Metallhalbzeuge

Metalle lassen sich in ***Schwermetalle, Leichtmetalle und Edelmetalle*** einteilen. Die Unterteilung von Schwer- und Leichtmetall erfolgt aufgrund der spezifischen Gewichte (Dichte, spezifische Masse) der Metalle. Das spezifische Gewicht, die Dichtezahl, ist eine Zahl, die aussagt, um wie viel schwerer oder leichter ein Körper gegenüber einem Vergleichskörper mit gleichem Volumen ist. Als Vergleichskörper hat man einen dm^3 Wasser bei 4° C gewählt, dieses Volumen Wasser wiegt 1 kg – das spezifische Gewicht (Dichte) von Wasser ist demnach 1 kg/dm^3.

Bleche in unterschiedlichen Stärken und Materialien

Prägearbeiten

Fächerverbindung

Leichtmetalle haben ein spezifisches Gewicht (Dichte) von unter 3,5, kg/dm^3 (Aluminium z. B. 2,7 kg/dm^3), über diesem Wert liegende Metalle werden als Schwermetalle bezeichnet. Edelmetalle sind sehr selten und da die Nachfrage groß ist, relativ teuer – z. B. Gold oder Platin. Wegen der vielfältigen Eigenschaften findet der Werkstoff Metall in großen Bereichen der Industrie Verwendung, aber auch bei zahlreichen Gegenständen unseres täglichen Lebens.

Merke: Folgende ***Metalleigenschaften*** sind wichtig:

- Metalle sind ***schmelzbar*** und können gewalzt und geformt werden.
- Metalle sind ***hart*** und ***fest,*** aber dennoch ***elastisch*** und dehnbar.
- Metalle haben eine gute Leitfähigkeit.
- Metalle haben eine ***glänzenden Oberfläche*** (werden deshalb auch in der Schmuckindustrie verwendet).

Metallhalbzeuge

Für die Bearbeitung im Werkunterricht eignen sich folgende Metallhalbzeuge:
Bleche mit einer Dicke unter 0,2 mm werden als Folien bezeichnet, sie werden für Drückarbeiten verwendet.
Weiches Kupfer- und Messingblech mit Stärken von 0,8 bis 1 mm ist zum Treiben, Biegen und Hämmern gut geeignet. Stahlblech (Schwarzblech), verzinkte Stahlbleche, Weißbleche und Aluminiumbleche sind für einfache Arbeiten brauchbar (Biegen, Abkanten, Bördeln, Falzen, Bohren, Löten, Feilen, Nieten usw.).
Drähte: Es gibt weiche, halbharte und harte Drähte aus den verschiedensten Metallen in unterschiedlichen Stärken. Verzinkter Stahldraht wird als Meterware in Ringen oder in Stangenform angeboten. Er ist zum Biegen und für Lötarbeiten gut geeignet. Weiche Aluminiumdrähte, in Stärken von 1 mm bis 2,5 mm, sind gut zu biegen. Kupfer-, Messing- und versilberte Kupferdrähte, in weichem oder halbhartem Zustand und Stärken von 0,8 mm bis 1,5 mm werden für Drahtschmuck verwendet.

Drahtstangen z. B. für Achsen und Wellen

Drähte für Drahtschmuck

Drahtgeflechte (Drahtgewebe)

Eisen/Aluminium

Eisen

Eisen ist eines der wichtigsten und häufigsten Elemente der Erde nach Sauerstoff, Silizium und Aluminium. Reste von gefundenen Meteoriten (aus dem Weltall), die untersucht wurden, enthielten oft sehr hohe Eisenkonzentrationen und lassen darauf schließen, dass auch außerhalb der Erde Eisen vorkommt. Man nimmt an, dass dieses Meteor-Eisen von unseren Vorfahren zuerst verwendet wurde, weit bevor man aus heimischen Eisenerzen Eisen gewann. Aus Erzen wird heute Eisen in Hochöfen gewonnen, es entsteht das ***graue Roheisen*** (mehr siliziumhaltig) und das ***weiße Roheisen*** (mehr manganhaltig).
Graues Roheisen dient zur Herstellung von Gusseisen, weißes Roheisen wird zu Stahl weiterverarbeitet.

Meteor-Eisen

Altes Bügeleisen aus Gusseisen

Roheisen wird nicht unmittelbar zu Halbzeugen oder Werkstücken verarbeitet, es ist sehr spröde, hat noch einen relativ hohen Kohlenstoffanteil (ca. 3 bis 4 %) und weitere unerwünschte Beimengungen. Erst durch entsprechende Weiterverarbeitung entsteht ein brauchbarer Werkstoff. ***Stahl*** ist veredeltes Eisen, das ohne Nachbehandlung schmiedbar ist (es gibt auch einige Sondergussarten, die schmiedbar sind). Dem Eisen werden durch bestimmte Verfahren Kohlenstoff, Silizium, Mangan und Phosphor entzogen.

Verschiedene Herstellungsverfahren und Bearbeitungen produzieren z. B. ***Baustahl,*** der sich gut formen, schmieden und schweißen lässt, und ***Werkzeugstahl,*** der eine hohe Festigkeit hat.
Stahl wird in flüssiger Form gegossen (Flussstahl) und durch Walzen in glühendem Zustand zu Blechen, Formstählen, Rohren und Drähten geformt.

Stahldrähte

Diese ***Halbzeuge*** werden z. B. durch Bohren, Fräsen, Feilen, Schmieden weiterverarbeitet.

Aluminium

Aluminium ist z. B. in Feldspat, Glimmer und Ton enthalten. Die aluminiumhaltigen Stoffe sind als Mineralgemenge in der Erdrinde enthalten und werden Bauxit genannt. Erstmalig wurden Mineralstoffe zu Aluminium verarbeitet, die man in der Umgebung von Les Baux (Frankreich) abbaute.

Aluminiumprofile

Aluminiumbleche

Haushaltsgegenstände aus Aluminium

Kupfer/Messing/Zinn

Daher werden die aluminiumhaltigen Stoffe auch heute noch (in Anlehnung an Les Baux) Bauxit genannt. Bei der Gewinnung werden große Mengen elektrischer Energie benötigt. Um Energie einzusparen, wird deshalb Aluminiumabfall gesammelt und durch Recyclingverfahren wieder eingeschmolzen. Aluminium lässt sich gut schmieden, strecken und walzen, es kann gedreht, gebohrt und spanabhebend bearbeitet werden. Das spezifische Gewicht (Dichte) von Aluminium liegt bei 2,7 kg/dm^3 und ist wesentlich leichter als Eisen (7,8 kg/dm^3 oder Gold 19,3 kg/dm^3). Aluminium ist korrosionsbeständig, hat ein geringes Gewicht, große Dehnfähigkeit, ausreichende Festigkeit und ist preiswert. Aluminium ist auch heute noch ein in der Technik wichtiges Leichtmetall, z. B. im Flugzeugbau.

Kupfer

Kupfer ist das älteste Gebrauchsmetall. Flüssiges Kupfer wird in Formen zu Barren oder Platten gegossen und bei ca. 900 °C zu Blechen, Profilen und Drähten gewalzt, gepresst oder gezogen. Kupfer ist weich und dehnbar, lässt sich daher gut biegen, treiben, walzen, drücken und löten, hat aber keine hohe Festigkeit. Wegen der guten ***Wärme-*** und ***elektrischen Leitfähigkeit*** wird Kupfer in der Elektrotechnik verwendet. Mit anderen Metallen gemischt ergeben sich technisch wertvolle Legierungen – Kupfer ist das Grundmetall für Messing und Bronze.

Kupferhaltiges Erz

Gefäße aus Kupfer

Frühchristliche Kupferfunde

Messing

Messing ist eine Legierung aus Kupfer und Zink. Je höher der Kupferanteil ist, umso weicher und damit leichter verformbar ist Messing. Ein Stempel mit folgenden Angaben „Ms 70" oder „CuZn 30" bedeutet 70 Prozent Kupferanteil. Messing lässt sich gut gießen, bohren und feilen.

Gegenstände aus Messing

Zinn

Zinn ist als Hauptbestandteil des Weichlots und als Gießmetall bekannt (Zinnfiguren, Zinnbecher und -teller), es wird für Legierungen von z. B. Bronze und Weißmetall verwendet. Metalloberflächen können verzinnt werden – als Schutz vor Witterungseinflüssen.

Zinngeschirr

Zink/Bronze

Zink

Zink hat keine hohe Festigkeit, ist aber gut korrosionsbeständig, lässt sich gut löten und besitzt große Wärmeausdehnungseigenschaften – ist daher gegen Witterungseinflüsse sehr beständig und wird deshalb bevorzugt – als Zinkblech – von Klempnern verarbeitet.

Zinkwanne

Gegenstände aus Bronze

! Zink darf nicht mit Speisen in Berührung kommen, da giftige Verbindungen entstehen können. !

Bronze

Bronze ist eine Legierung aus Kupfer und Zinn. Bronze wird in der Technik vorwiegend zur Herstellung von z. B. Armaturen, Gleitlagern, Buchsen, Pumpen und Laufrädern verwendet.
Die Bronzezeit, eine Zeitepoche von 2500 bis 800 vor Chr., wurde nach ihr benannt. Damals wurde Bronze z. B. zu Schmuck und Waffen verarbeitet.

Rundbarren aus Bronze (1500 v. Chr.), gefunden in Oberbayern

☞ Arbeitsauftrag

Welche Gegenstände in deiner Umgebung sind aus Metall?
Im Fachhandel werden verschiedene Metalle als Halbzeuge angeboten. Weißt du die richtigen Fachbegriffe?
Experimentiere mit verschiedenen Drähten, Metallfolien oder Resten unterschiedlicher Bleche! Berichte über deine Erfahrungen.
Aber ***Achtung, Unfallgefahr,*** Metalle haben scharfe und spitze Kanten, gehe mit Material und Werkzeug vorsichtig um, damit du dich und andere nicht verletzt!

Blech schneiden

Werkzeuge für die Metallbearbeitung

- **Zum Messen:** Metalllineal und Werkstattwinkel mit Maßeinteilung, Schieblehre (Messschieber), Gradmesser, Zentrierwinkel.

Alte Schieblehre

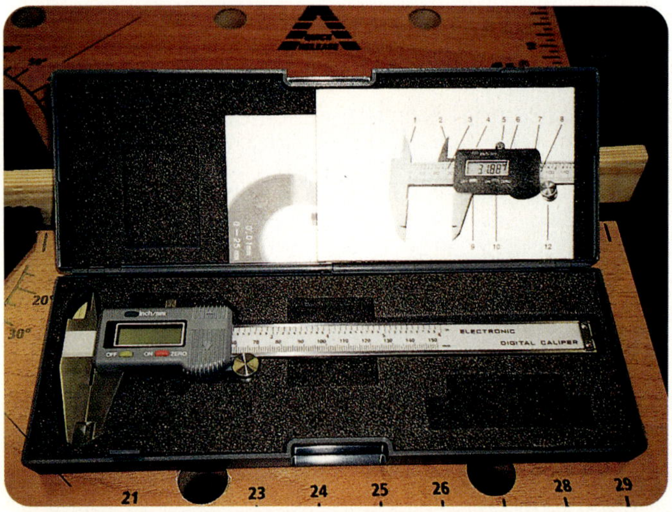

Moderner Messschieber (Schieblehre)

- **Zum Trennen:**
  verschiedene Blechscheren,
  Metallbügelsäge,
  Laubsäge mit Metallsägeblatt,
  Seitenschneider,
  Handbohrmaschine,
  Bohrer und Senker (für Metall).
- **Zum Verbinden:**
  Elektrischer Lötkolben (evtl. Bunsenbrenner),
  Lötzinn;
  Klebstoffe;
  Nieten, Nietendöpper oder Nietenzange;
  Schrauben, Muttern.

Angebote von Blechscheren im Fachhandel

Alles zum Löten

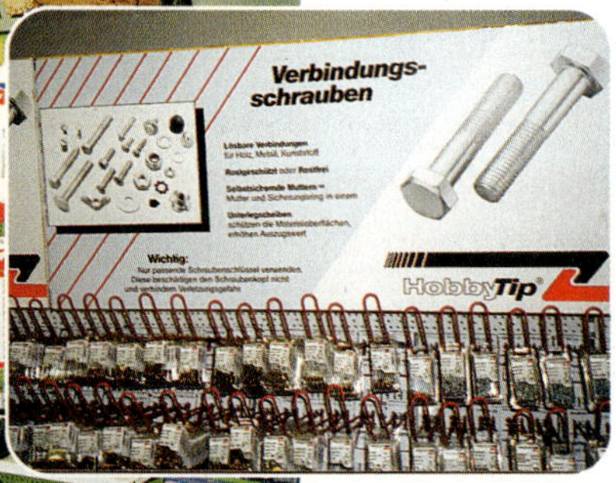

Schrauben und Muttern

- **Hilfsmittel:**
  Schleifgewebe (Schleifleinen) in verschiedenen Körnungen;

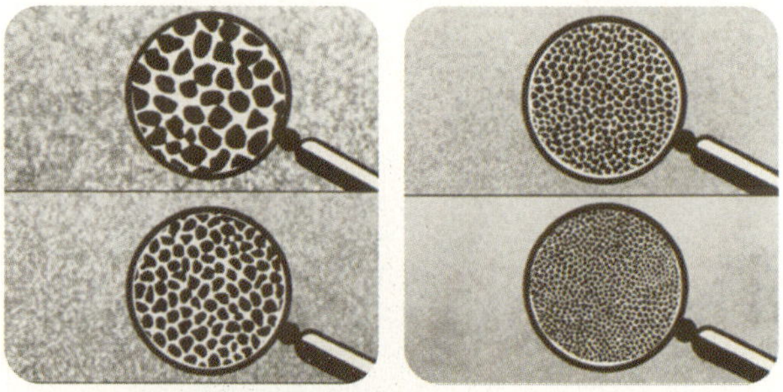

Hammer, Feile, Flachzangen, Rundzangen, Kombinationszange, Körner, Zirkel, Reißnadel, Schraubenschlüssel, Schraubendreher, Holzunterlagen, Zwingen, usw.

Messen/Anreißen/Trennen

Messen und Anreißen

Längenmesszeuge sind z. B.: Maßstab, Bandmaß, Schieblehre (Messschieber), Tiefenmaß, Zeiger- und Präzisionsmessgeräte (Messuhren). Die Maßeinheit ist der Meter mit seinen Unterteilungen, mm, dm, km usw., früher waren andere Maßeinheiten üblich.

Maße wurden früher nach Körperteilen von bedeutenden Persönlichkeiten festgesetzt, z. B. Arm …

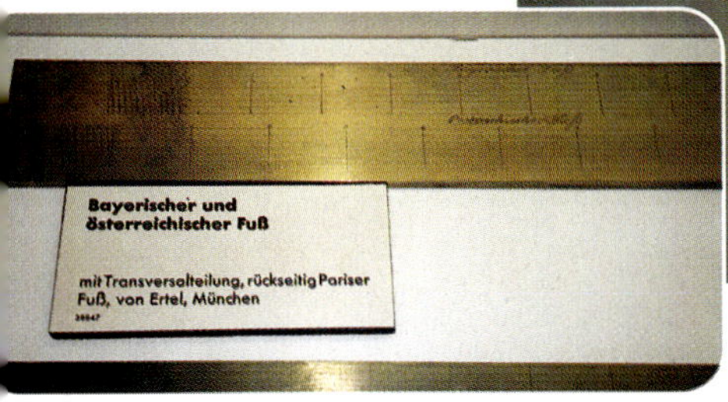

… oder Fuß

Winkel werden mit einem Gradmesser (Winkelmesser) gemessen – die Maßeinheit ist Grad (°), 1° entspricht dem 360. Teil eines Kreises (Vollwinkel), ein rechter Winkel misst 90°. Mit einem Metallmaßstab kannst du ziemlich genau messen, meistens haben sie eine 0,5-mm-Einteilung. Der Nullpunkt des Maßstabes bildet im rechten Winkel angelegt die ***Bezugskante.***

Mit der Reißnadel (oder Bleistift) die gemessene Linie markieren, ***anreißen.*** Dabei die Reißnadel an der unteren Kante des Anschlagwinkels entlangziehen. Achtung: Leichtmetallbleche am besten mit einem Bleistift anreißen – eine Reißnadel würde die Oberfläche beschädigen.

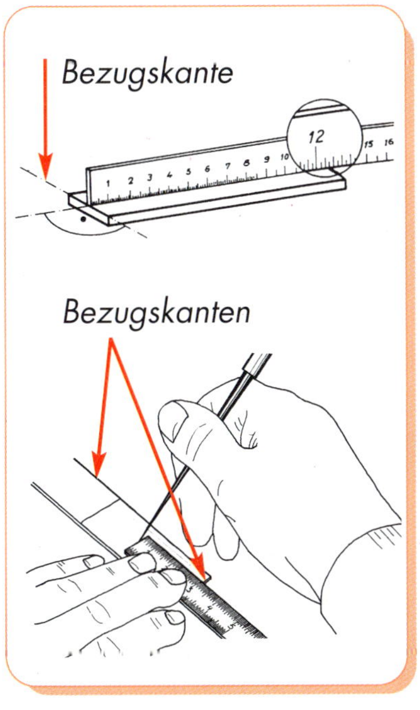

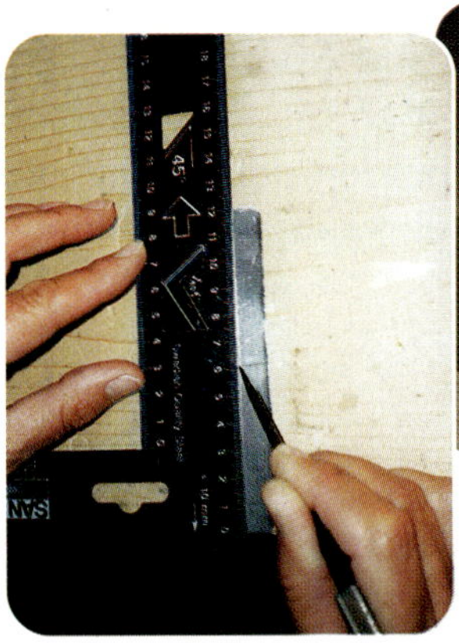

Gradmesser, Reißnadel, Blechschere

! Unfallgefahr! Die Spitze der Reißnadel nach Gebrauch mit einem Korken sichern! !

Trennen

- **Schneiden:** Zum Zuschneiden von Folien und Blechen kann das Metall mit Handblechscheren getrennt werden. Je nach Stärke und Härte der Bleche die entsprechende Schere benutzen, z. B. die Lotblech- oder Goldschmiedeschere für dünne und weiche Bleche. Je dicker das Material, desto stärker muss auch das Werkzeug sein.
  Für gebogene oder runde Schnitte gibt es links oder rechts schneidende Kurvenscheren. Dickere und harte Bleche schneidet man am besten mit einer Hebeltafelschere (wenn in der Schule eine vorhanden ist).

Links, gerade und rechts schneidende Blechscheren

Schneiden von Blechen

Vorsicht, scharfe Schnittkanten

Trennen

- **Schneiden von Drähten:** Spezielle Zangen wie der Seitenschneider, die Kombizange oder Kneifzange schneiden dünnere Materialien wie z. B. Drähte und Kabel oder kneifen auch Nägel ab.

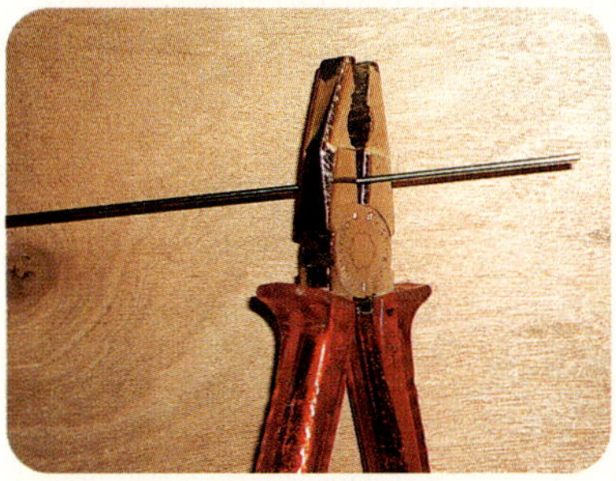

Schneiden von Draht mit dem Seitenschneider einer Kombizange

! Vorsicht! Gehärtete Nägel, starke und harte Drähte beschädigen die Schneiden der Zangen, deshalb besser sägen! !

- **Sägen:** Flachstahlstäbe, dickere Drähte und Rohre werden mit der Säge getrennt (Rohre auch mit einem Rohrschneider).

Die Metallbügelsäge ist geeignet für größere Schnitte, die Puksäge mit Metallsägeblatt kann man für kurze Schnitte verwenden.

Sägen mit der Metallsäge

Trennen mit dem Rohrschneider

Sägen mit der Laubsäge

Gebogte Linien oder Ausschnitte in Blechen werden mit der Laubsäge (mit geeignetem Metallsägeblatt) durchgeführt.

Beachte: Im Schraubstock Schutzbacken anbringen, um Kratzer im Metall zu vermeiden. Das zu trennende Teil so einspannen, dass es nicht federt (möglichst nahe an der Sägestelle einspannen). Vor Sägebeginn mit einer Dreikantfeile die Sägelinie einkerben (geht auch mit Kneifzange/Seitenschneider), damit die Säge beim Ansägen nicht abrutscht! Anfangs mit leichtem Druck in Stoßrichtung sägen, sodass die ganze Länge des Sägeblattes ausgenutzt wird (Achtung: mit der Laubsäge in Zugrichtung sägen).

! Nach dem Schneiden und Sägen entstehen sehr scharfe Schnittkanten! Die Verletzungsgefahr ist groß! Deshalb müssen diese messerscharfen Kanten entgratet werden.
Das geschieht am besten mit einer geeigneten Metallfeile. !

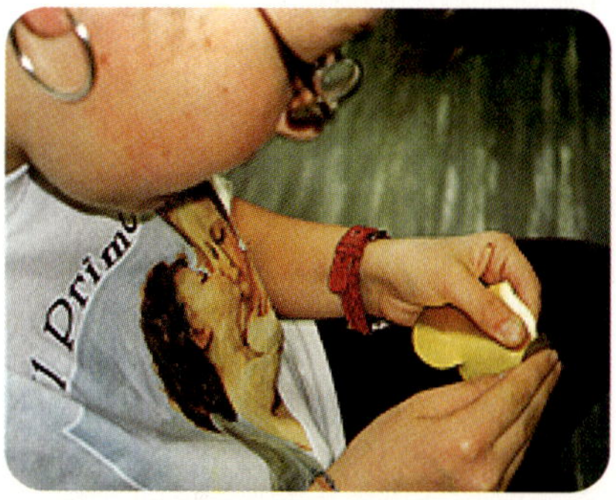

Entgraten mit Schleifleinen oder Metallfeile

- **Feilen**: Zum Feilen wird das Werkstück in den Schraubstock eingespannt. Schutzbacken verwenden, um ein Verkratzen der Metalloberfläche zu vermeiden.

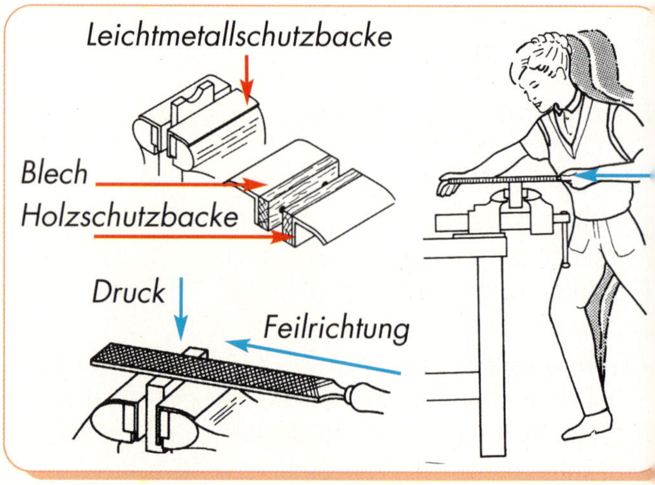

Trennen

Einzelne Teile oder auch das Werkstück werden auf Form gefeilt, plangefeilt, auf das genaue Maß gefeilt oder entgratet. Durch bewusst gerades Führen der Feile erzielt man am ehesten eine ebene Fläche. Entsprechend dem Material und der Form des Metallstückes, die richtige Feilenform auswählen. Die gebräuchlichsten Feilenformen sind Flach-, Halbrund-, Dreikant-, Vierkant- und Rundfeilen mit unterschiedlicher Hiebeinteilung, dem Einhieb, dem Doppel- oder Kreuzhieb und Raspelhieb.

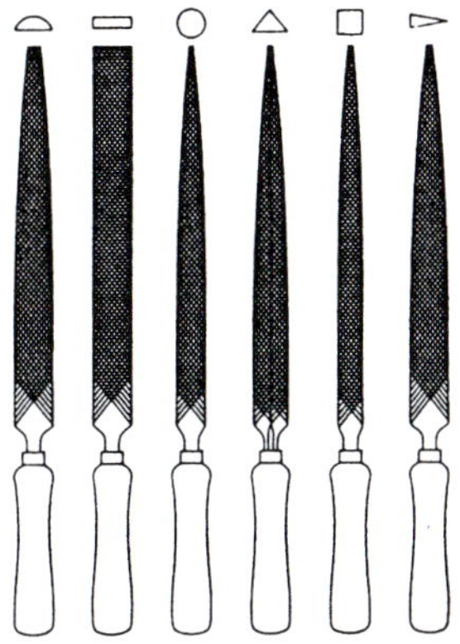
Werkstattfeilen

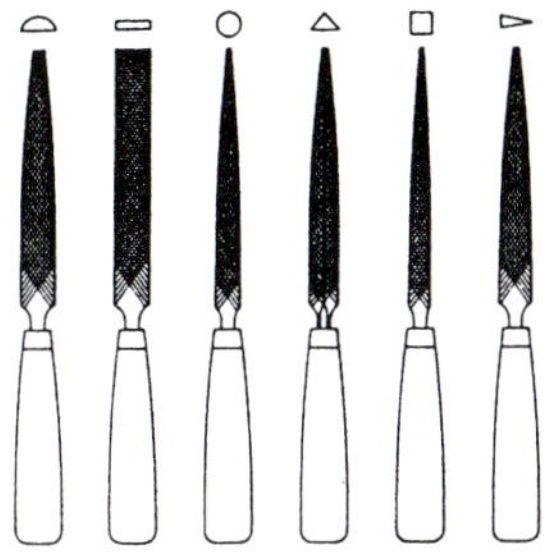
Schlüsselfeilen

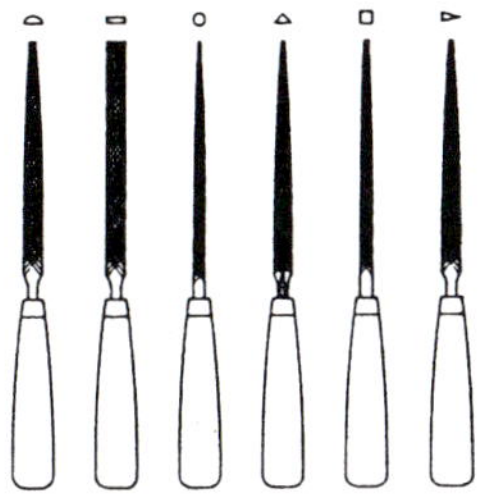
Nadelfeilen

Je feiner der Hieb, umso glatter wird die bearbeitete Fläche am Werkstück. Für weiche Werkstoffe grobe, für harte Werkstoffe feine Hiebeinteilung – für sehr weiche Werkstoffe, z. B. Leichtmetalle, Kupfer usw., am besten einhiebige Feilen verwenden.

- **Bohren:** Mit dem Körner das angerissene Bohrloch ankörnen, damit die Bohrerspitze richtig geführt wird und nicht abrutschen kann.

Verschiedene alte Bohrgeräte im Museum

Je nach gewünschter Lochgröße und Metall den entsprechenden Metallbohrer auswählen. Bei großen Löchern ist ein Vorbohren empfehlenswert, damit wird ein Verlaufen des Bohrers verhindert und der Kraftaufwand ist geringer. In der Metallbearbeitung ist der Spiralbohrer der am häufigsten verwendete Bohrer.

! Beim Bohren immer die Sicherheitsbestimmungen beachten: Z. B. Schutzbrille und Spannvorrichtung verwenden, keine überlangen Ärmel, kein Schmuck an Finger und Handgelenk, lange Haare nach hinten binden oder bedecken. – Achtung: Nur mit und unter Aufsicht der Lehrkraft bohren. !

Kontrolle

Die Betriebssicherheit jedes Werkzeuges hängt von seinem einwandfreien Zustand ab!

Das ***Entgraten*** der scharfen Kanten am Bohrloch wird mit einem Handsenker durchgeführt. Auch ein Dreikantschaber ist zum Entgraten bedingt geeignet.

Umformen

- **Biegen:** Die meisten Bleche, Rohre und Drähte aus nicht zu harten Material – und wenn sie nicht zu dick sind – lassen sich ohne Vorbehandlung relativ gut biegen (Kaltbiegen). Hartes Material, z. B. Zinkblech oder Magnesiumlegierungen, müssen, um Rissbildungen zu vermeiden, erwärmt werden (Warmbiegen).

– ***Drähte*** werden mit der Rund-, Flach- oder Kombizange gebogen. Soll ein Draht in bestimmten Abständen in Form gebogen werden, ist es zweckmäßig, eine Biegevorrichtung mit Nägeln in einem Holzbrett vorzubereiten.

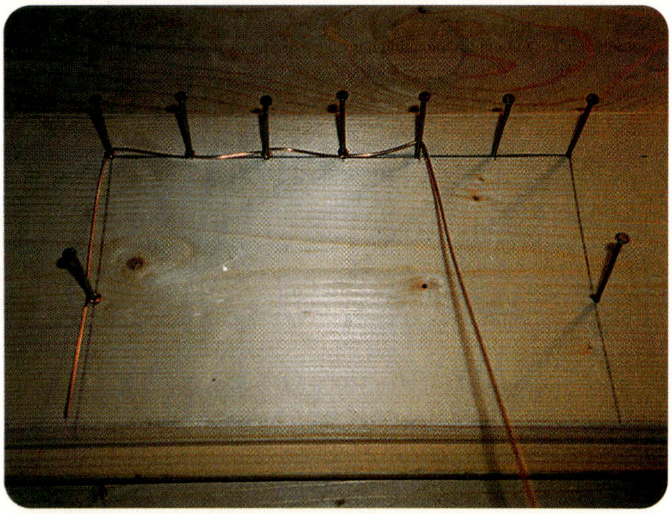

Biegen von Draht mit Biegevorrichtung

Ringe, Haken und Ösen lassen sich auch über ein hartes Rundholz formen.

– ***Bleche*** werden im Schraubstock oder mithilfe von Biegevorrichtungen aus Hartholz in die gewünschte Form gebogen. Das Biegen, Abkanten, Bördeln und Falzen kann, je nach Material und Fläche, mit der Hand oder einem Holz- bzw. Gummihammer geschehen.

– ***Rohre*** sollten besonders vorsichtig und mit einem nicht zu kleinen Biegeradius gebogen werden. Es kommt, je kleiner der Biegeradius ist, sehr leicht zu Querschnittsveränderungen und zum Einknicken der Rohrwandung.

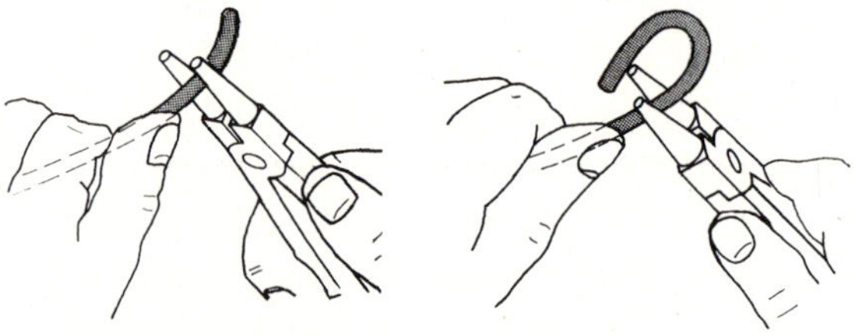

Biegen einer Öse

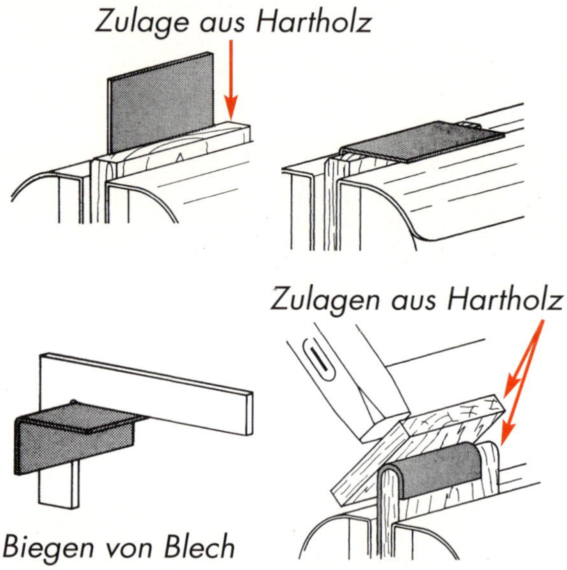

Biegen von Blech

- **Bördeln** nennt man das Umbiegen (Umformen) von Rändern an Blechen. Eine Form des Bördelns ist z.B. die scharfen Kanten der Schnittflächen nach innen oder außen biegen und mit einem Holz- oder Gummihammer vollständig umschlagen. Das Bördeln verringert so die Verletzungsgefahr an den scharfen Schnittkanten der Bleche und erhöht zudem, besonders bei dünnen Blechen, die Stabilität.

Verbinden

• **Falzen** ist das Verbinden von Blechen (oder zweier Blechenden zur Hülse/Rohr) durch Verhaken der Umgebogenen Ränder. Das Umbiegen (Umformen) der Blechränder ist ähnlich dem Bördeln, wobei der umgebogene Rand nicht vollständig auf dem Blech aufliegen darf, es muss ein Spalt zum Verhaken des anderen Randes offen bleiben. Nach dem Einhaken der Ränder, mit einem Holz- oder Gummihammer die Falzung zuschlagen (schließen) – geeignete Unterlage wählen, z. B. bei einer Hülse ein entsprechendes Rundholz. Nach dem schließen der Falzung ist eine formschlüssige (unlösbare) Verbindung entstanden.

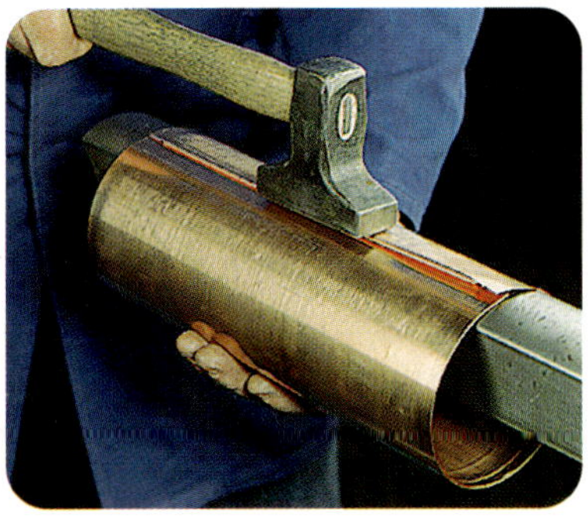

Einhängen und Zuschlagen

Verbinden

Bei den Verbindungen unterscheidet man zwischen lösbaren und unlösbaren Verbindungen. Als unlösbar bezeichnet man eine Verbindung, die nur durch Zerstörung des Verbindungsteiles wieder getrennt werden kann. Lösbare Verbindungen kann man trennen.
Unlösbare Verbindungen sind z. B. Nieten, Löten, Schweißen und Kleben. Lösbare Verbindungen sind z. B. Schraubverbindungen, Stift- und Keilverbindungen und Kupplungen.

• **Unlösbare Verbindungen:**
– ***Kleben***
Metalle können mit handelsüblichen Klebern, z. B. einem ***Zweikomponentenkleber,*** zu einer festen Verbindung geklebt werden. Wichtig ist es, die Gebrauchsanweisung zu befolgen im Hinblick auf die Vorbereitung der Klebefläche, der Mischung von Kleber und Härtungsmittel, den Klebstoffauftrag, die Fixierung und das Zusammenpressen der Teile, die Aushärtungszeit, die Sicherheitsmaßnahmen und die Hinweise für Lagerung und Entsorgung des Klebstoffes.

Kleben mit der elektrischen Klebepistole

Zweikomponentenkleber

! Achtung: wegen Gesundheits- und Umweltschutz nach Möglichkeit lösungsfreie Kleber verwenden. !

– ***Nieten***

Eine sehr feste Verbindung entsteht durch Nieten.

Stabile Nietverbindung an einem stark belasteten Knotenpunkt eines Zeppelins (Deutsches Museum)

Nietverbindungen an einem älteren Verkehrsflugzeug (Deutsches Museum)

Nieten aus Stahl (weich/Nietstahl), Kupfer und Aluminium sind im Fachhandel erhältlich. Um Kontaktkorrosion zu vermeiden, sollten die Nieten aus dem gleichen Werkstoff sein wie die zu verbindenden Teile. Es gibt verschiedene Nietarten, sie werden nach dem Setzkopf benannt, z. B. Rundkopfnieten oder Senkkopfnieten. Für Schiff- und Flugzeugbau werden auch Sonderformen verwendet, die nur dort zur Anwendung kommen. Eine einfache Form der Nietung ist das Nieten mit der Nietzange (Blindnietzange) und den dazu passenden Nieten.

Nietenzange mit Nieten

Nietübung an zwei Blechteilen

Eine Nietzange bietet sich besonders an, wenn eines der zu verbindenden Teile schwer zugänglich ist (daher auch der Name Blindnietzange). Die zu verbindenden Teile müssen gebohrt (gemäß dem Nietdurchmesser) und entgratet werden. Die Niete in der Nietzange wird in die Löcher der zu verbindenden Teile geführt und die Zange zugedrückt, bis der Nietstift abgeschert wird. Damit ist die Nietverbindung hergestellt. Nieten mit dem Nietenzieher und dem Döpper (Nietkopfformer) ist etwas schwieriger und aufwendiger.

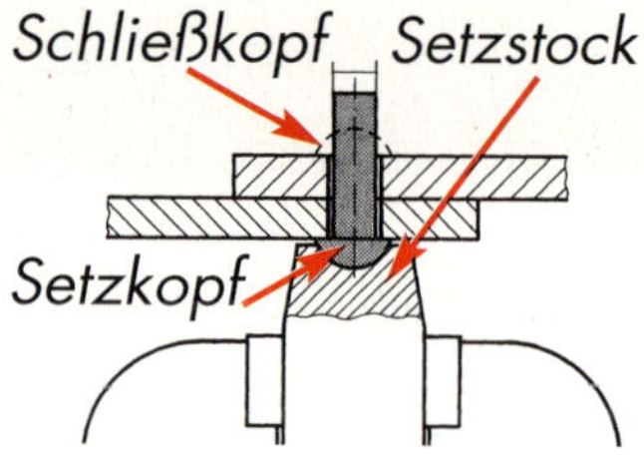

Schema einer Nietverbindung

Verschiedene Nieten

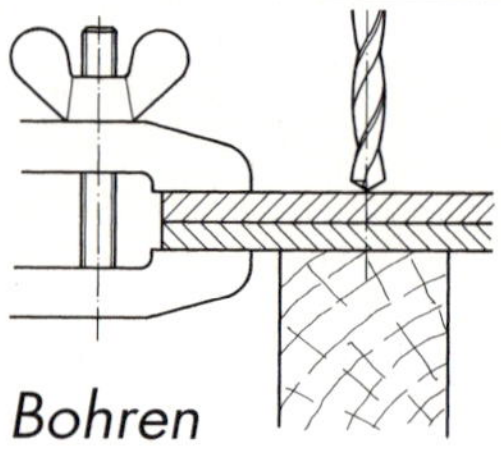

***1.** Bohren*

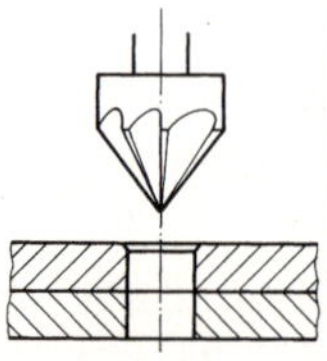

***2.** Bohrloch entgraten (ansenken)*

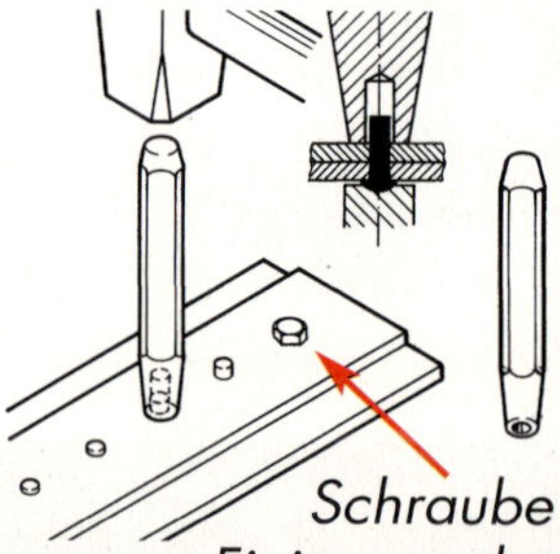

***3.** Niete mit dem Nietenzieher durch die zu verbindenden Bohrlöcher ziehen*

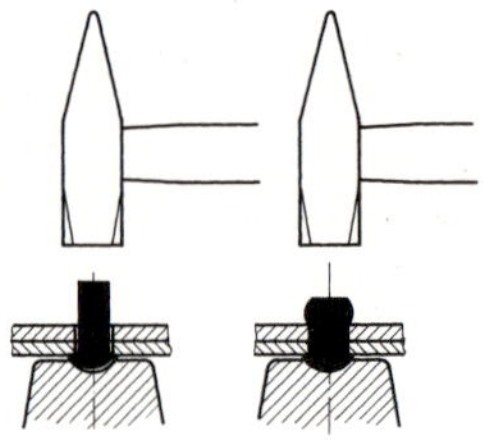

***4.** Niete auf dem Setzstock anstauchen*

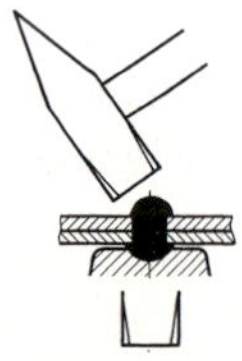

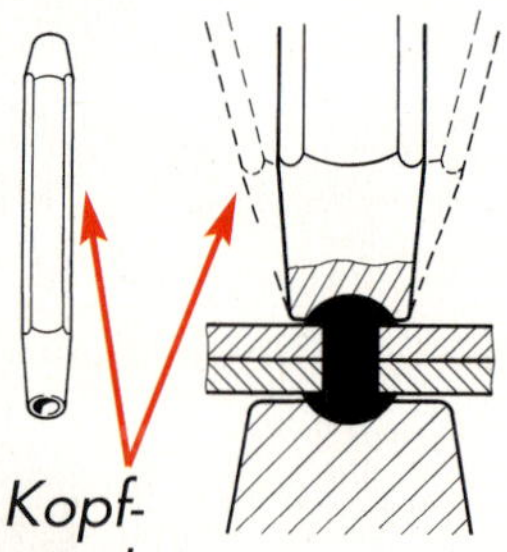

***5.** Mit dem Kopfmacher (Döpper) festschlagen*

– ***Löten***

Je nach der gewünschten Festigkeit, Wärmebeständigkeit und dem Schmelzpunkt der zu lötenden Metalle wird Weich- oder Hartlöten angewandt. In der Schule wird nur Weichlöten geübt, die verwendeten Lote sind ziemlich weich und überwiegend Zinn-Bleilote (Lötzinn). Der Schmelzpunkt liegt etwa bei 300 °C, es gibt auch Sonderlote mit wesentlich niedrigeren Schmelzpunkten. Beim Löten fließt ein geschmolzenes Metall (oder Legierung), das Lot, zwischen die zu verbindenden festen Metallteile. Dazu müssen die zu verbindenden Metallteile so erwärmt werden, z. B. durch einen Lötkolben, dass das Lot auf der Metalloberfläche schmilzt und sich mit der Oberflächenschicht der zu verbindenden Teile legiert. So entsteht dann eine haltbare Verbindung.

Zum Löten von dünnen Blechen und Drähten verwendet man am besten einen elektrischen Lötkolben.

Das Weichlot nur in der Nähe der Lötspitze auf die Lötstelle halten (nicht auf die Lötspitze). Ist die Lötstelle genug erwärmt (über dem Schmelzpunkt des Lotes), wird das Weichlot, der Lötzinn, flüssig und verbindet die beiden Metallteile. Damit die Lötstelle gut hält, ist es wichtig, dass die beiden Metallteile blank geputzt, sauber und fettfrei sind. Je dünner die Lötschicht, umso stabiler ist die Lötverbindung, deshalb die Metallteile vorher gut aneinander anpassen, evtl. mit kleinen Schraubzwingen oder Leimzwingen fixieren (Wäscheklammer geht auch).

Damit das Lot besser fließt, verwendest du Lötfett (Flussmittel), es verhindert die Oxidation während des Lötvorganges – eine entstehende Oxidschicht würde die Verbindung des Lotes mit dem Metall verhindern. Erst wenn die Lötstelle die Schmelztemperatur erreicht hat, das Lot anbringen!

Die zusammengelöteten Teile nicht bewegen oder vorzeitig aus den Zwingen nehmen, damit sie sich beim Erkalten nicht verschieben können.

Beim Löten von Aluminium ein spezielles Aluminiumlot verwenden (Fachhandel), es enthält Flussmittel, das die sich bildende Oxidschicht auflöst.

Lötutensilien

Löten von zwei gebördelten Blechen, durch Leimzwinge im Schraubstock gehalten

Gebördelte Bleche gelötet

Löten mit offener Flamme wird in der Schule nicht angewendet!

! Unfallgefahr: Benutze beim Löten eine hitzebeständige Unterlage und achte wegen der entstehenden Lötdämpfe auf gute Belüftung des Arbeitsplatzes. !

- **Lösbare Verbindungen:**

– ***Schrauben und Muttern***

In der Schule verwenden wir bei den lösbaren Verbindungen nur Schrauben und Muttern. Im Fachhandel werden die verschiedensten Arten von Schrauben angeboten, z. B. Sechskant-, Halbrund-, Senk-, Zylinder- oder auch Vierkantschrauben. Sie werden nach ihrer Kopfform benannt. Es gibt aber noch viele Sonderarten von Schrauben für spezifische Anwendungen und Anforderungen. Daneben werden noch Gewindestangen und Gewindewellen verwendet.

Verbinden

Kleine Auswahl von Schrauben und Muttern

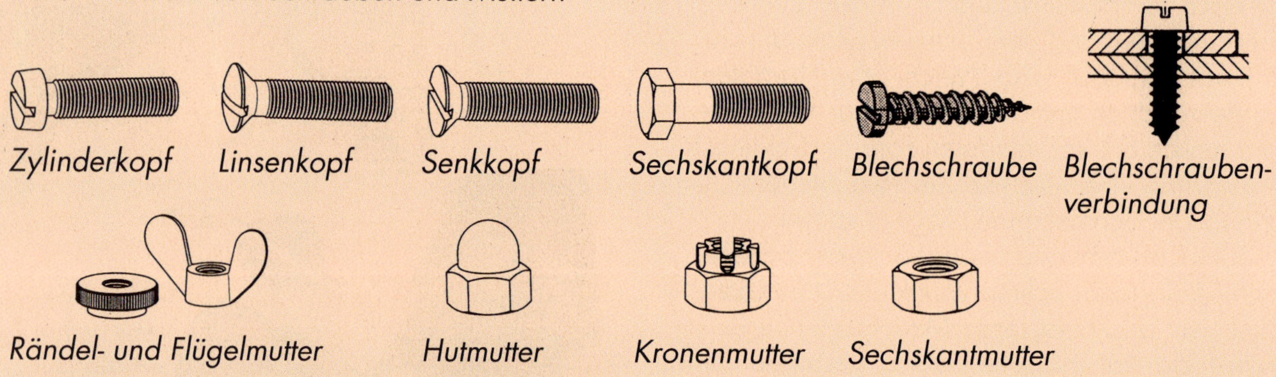

Schrauben, Muttern, Schraubenschlüssel, Unterlegscheiben, Schraubendreher

Bei den Muttern ist es ähnlich, es werden verschiedene Formen und Arten angeboten, z. B. Sechskant-, Vierkant-, Flügel- oder auch Hutmuttern und diverse Sonderformen. Zum Verbinden zweier Werkstücke, z. B. zwei Bleche, müssen entsprechend den ausgewählten Schrauben in beide Teile Löcher gebohrt werden.
Die Löcher anschließend mit dem Handsenker entgraten (s. Bohren), die zu verbindenden Teile lochgenau zusammenführen, die Schraube durchstecken und von der anderen Seite die Mutter aufdrehen. Gut ist es, wenn zwischen Werkstück und Schraube bzw. Mutter noch jeweils eine Unterlegscheibe verwendet wird – das schont die Materialoberflächen und die Anpressfläche wird vergrößert. Zum Verschrauben nur das richtige und passende Werkzeug (Schraubendreher, Schraubenschlüssel usw.) verwenden.
Von den lösbaren Verbindungen ist dir sicher die ***Kupplung*** bekannt (z. B. Auto). Die Kupplung stellt eine Verbindung zwischen zwei Wellen her und ermöglicht so z. B. die Übertragung des Kraftflusses von einer treibenden zu einer angetriebenen Welle. Durch Trennen der Kupplung (z. B. Auto: Treten des Kupplungspedals) wird der Kraftfluss unterbrochen (die Verbindung wird gelöst).

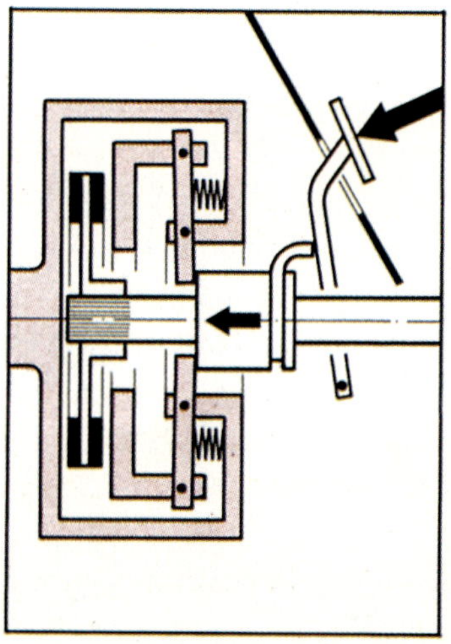

Kupplung getrennt (Pedal getreten): kein Kraftfluss

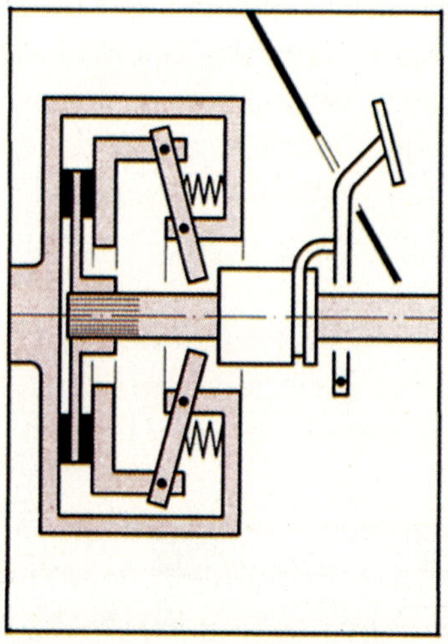

Kupplung geschlossen: Kraftfluss

Korrosionsschutz

Oberflächenbehandlung – Korrosionsschutz

(= Schutz vor Zerstörung)

Durch die Einwirkung von Feuchtigkeit, Säuren und Salzen können sich die Metalle verändern. Z. B. Eisen und Stahl rosten, Kupfer oxidiert und kann in Verbindung mit Säuren einen ***giftigen Grünspan*** bilden. Aluminium, Zink, Nickel und Chrom sind mit einer Oxidschicht überzogen, die fest auf dem Metall haftet und so vor Korrosion schützt.

Die hergestellten Metallwerkstücke können eingefettet, eingeölt oder lackiert werden. Vor dem ***Lackieren*** das Metall mit Schleifleinen oder Stahlwolle blank putzen und fettfrei machen. Eine sorgfältige Grundierung oder Zaponierung (ist ein farbloser Lack, der das Metall sichtbar lässt) ist vor einer farbigen Lackierung erforderlich. Vorwiegend wasserlösliche Farblacke, so genannte „Wasserlacke“, die nur wenige organische Lösungsmittel enthalten, verwenden.

Verwende wasserlösliche Lacke für Metalle

Metalle mit Schleifleinen oder Stahlwolle putzen

Die Lacke gleichmäßig dünn mit dem Pinsel auftragen, trocknen lassen, evtl. bei sehr glatten Flächen vor einem weiteren Farbauftrag kurz anschleifen.

! Unfallgefahr: Beachte vor der Verwendung von Lacken die Gebrauchsanweisung und die Hinweise zur Aufbewahrung und Entsorgung!

Achte auf die Sicherheitszeichen! Reste von Farben, Lacken, Lösungsmitteln und Klebstoffreste sind Sondermüll und müssen an den betreffenden Sammelstellen abgegeben werden! Verwende deshalb möglichst „umweltfreundliche“ Lasuren und Lacke auf Wasserbasis! !

☞ Arbeitsauftrag

Versuche mit Metallresten wie Aluminium-, Messing- oder Kupferblech, z. B in einer Stärke von 0,5 bis 1 mm, das Schneiden mit der entsprechenden Blechschere. Entgrate die scharfen Kanten mit der Metallfeile. Übe das Biegen von Blech und Draht mithilfe des Schraubstocks, der Rund- und Flachzange und benutze den Seitenschneider. Erprobe das Verbinden von zwei Metallteilen durch Schraube und Mutter, durch Löten und Kleben. Benutze dazu die entsprechenden Werkzeuge. Aus diesen Versuchen können kleine Spielzeuge oder „Schmuckstücke“ entstehen.

Einfache Mechanik

Bewegungselemente – Mechanik

Die Mechanik ist ein Teilgebiet der Physik und befasst sich mit der Bewegung von Körpern und den die Bewegung verursachenden Kräften. Die Kraft einen Körper zu bewegen kann unterschiedlich sein, z. B. Muskelkraft (Mensch, Pferd), Motorkraft, magnetische Kraft oder die Erdanziehungskraft. Jeder Körper auf der Erde fällt (beschleunigt) durch die Erdanziehungskraft nach unten (Richtung Erdmittelpunkt), es sei denn, er wird durch eine Gegenkraft daran gehindert. Wenn Kraft und Gegenkraft, die auf einen Körper wirken, gleich groß sind, herrscht Gleichgewicht.

Modell einer Kraftübertragung vom Pferd über Zahnräder auf eine Antriebswelle

Altes mechanisches Spielzeug

- **Hebel**
  Der Hebel ist eine primitive Maschine – ein starrer Körper, der um einen Punkt oder um eine Achse drehbar ist. Der Hebel wird z. B. bei Zangen, Waagen, Scheren angewandt. Schon in frühester Geschichte wurden mit - Hebelwirkung (Hebelstangen) schwere Körper bewegt, z. B. beim Bau der Pyramiden riesige Quadersteine.

Einsatz von Hebelkraft in der Antike

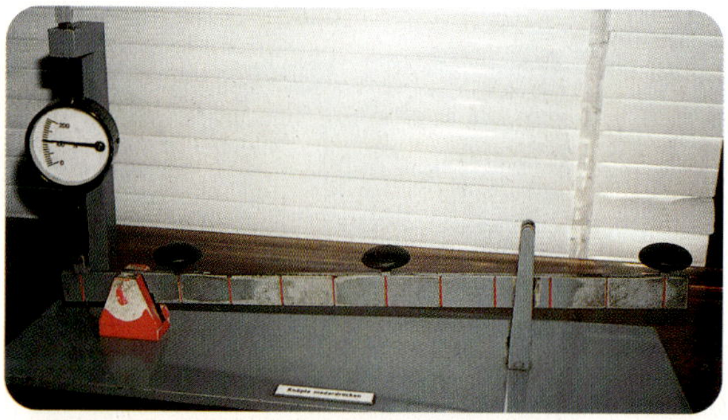

Versuchsmodell zum Erkennen der Hebelwirkung

- **Achse**
  Eine Achse dient nur zum Tragen sich drehender Teile, sie können fest stehend (z. B. Fahrradachsen) oder auch drehbar sein (Achsen der Eisenbahnwagen).

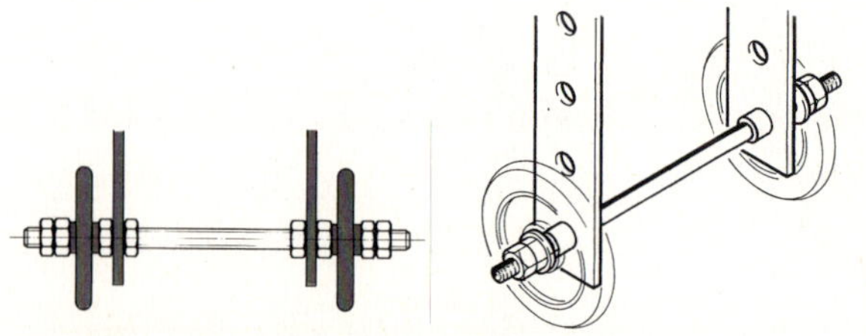

Achsen (seitliche Sicherung durch gekonterte Muttern)

Einfache Mechanik

- **Welle**
  Wellen dienen zur Kraftübertragung, z. B. die Kurbelwelle im Motor des Autos überträgt die senkrechte Kraft der Zylinder in eine Drehbewegung zum Antrieb der Räder. Mit einer Welle überträgt z. B. das Wasserrad die Kraft des fließenden Wassers zum Antrieb eines Hammerwerkes.

Antriebswelle der Räder über Kettengetriebe (Museumsmodell)

- **Rad**
  Das Rad als Maschinenelement hat einen äußeren Kranz (z. B. die Felge) und eine mittige Nabe. Es ist von der Felge aus über Speichen (Fahrrad) oder durch eine volle Scheibe (Eisenbahn) mit der Nabe verbunden. Das Rad wird mit der Nabe auf eine Achse oder Welle geschoben bzw. dort befestigt und dient als Bewegungs- und Trageteil (Achse) oder als Kraftübertragungsteil (Welle). Bei einem Auto sind die Räder z. B. an der Vorderradachse und der Hinterradantriebswelle befestigt. Aus Funden weiß man, dass in Europa bereits in der Steinzeit Radformen verwendet und in der Bronzezeit Speichenräder hergestellt wurden. Weitere Radformen in der Technik sind z. B. Zahnräder, Kettenräder, Riemenscheiben usw.

Rad auf Vorderachse

Rad auf Hinterachse (Antriebswelle)

- **Rolle**
  Die Rolle ist im Maschinenbau ein einfaches, aber wichtiges Teil. Eine runde, sich um eine Achse drehende Scheibe dient z. B. als feste Rolle der Kraftumlenkung, als lose Rolle (zusammen mit einer festen) der Verkleinerung einer Kraft (s. auch Flaschenzug).

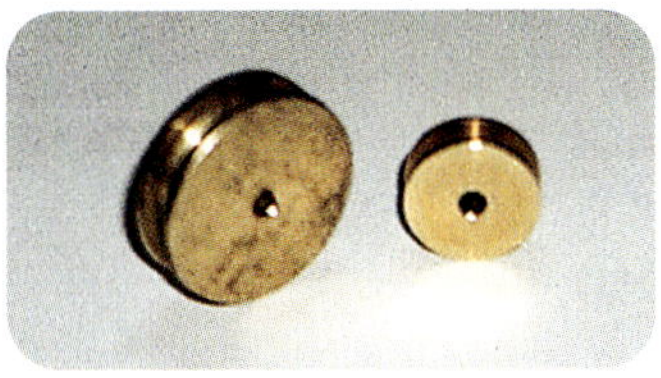

Kleine und große Rolle

- **Schiefe Ebene**
  Die „schiefe Ebene" ist eine gegen eine Waagerechte (Hauptachse) geneigte Ebene. Die Kraft, mit der das Gewicht eines Körpers auf einer schiefen Ebene gedrückt wird, verteilt sich in verschiedene Richtungen, je nach Schiefe der Ebene. Eine schiefe Ebene um einen Zylinder gewickelt ergibt eine Schraube (Spindel). Schiefe Ebene und Schraube erlauben mit relativ kleinem Kraftaufwand eine Hubarbeit zu verrichten – allerdings wieder auf Kosten eines längeren Weges. Die schiefe Ebene wurde z. B. auch beim Bau der Pyramiden angewandt, um die großen Steine nach oben zu befördern. Über eine Schraubenspindel wird z. B. ein Wagenheber bewegt, der ein Auto hebt.

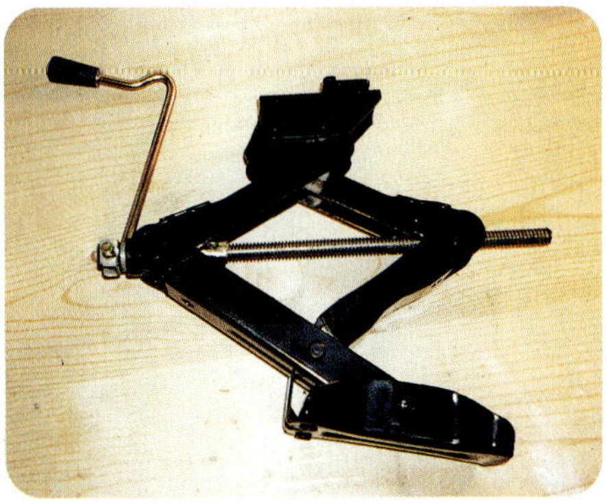

Wagenheber mit Schraubenspindel

Fächerverbindung

Einfache Mechanik

Einfache zusammengesetzte Maschinen

- **Wippe** (Schaukel)
  Ein zweiarmiger Hebel, der seinen Drehpunkt in der Mitte hat, ist im Gleichgewicht. Wirken jedoch unterschiedlich starke Kräfte auf die jeweiligen Hebelenden, wird sich das Hebelende senken, auf das die stärkere Kraft wirkt. Auf dem Spielplatz hast du sicher schon einmal mit einem Freund auf einer Wippe gesessen, der Schwerere von euch (mit der größeren Gewichtskraft) blieb unten, der Leichtere wurde hochgehoben. Mit Hebelkraft kann man auch Lasten bewegen (s. auch Hebel).

Drehpunkt

Zweiarmiger Hebel mit unterschiedlichen Gewichten ist im Gleichgewicht. Warum?

Wippe/Schaukel

- **Haspel** (Winde)
  Die Haspel oder Winde ist eine Vorrichtung zum Heben, Senken oder Ziehen von Lasten. Mit Kurbel oder Hebel wird eine Welle gedreht, auf der ein Seil angebracht ist. Das Seil wickelt sich beim Drehen der Welle auf und die Last wird gehoben bzw. gezogen – zum Senken wird die Welle in die andere Richtung gedreht und das Seil abgespult, die Last wird gesenkt.

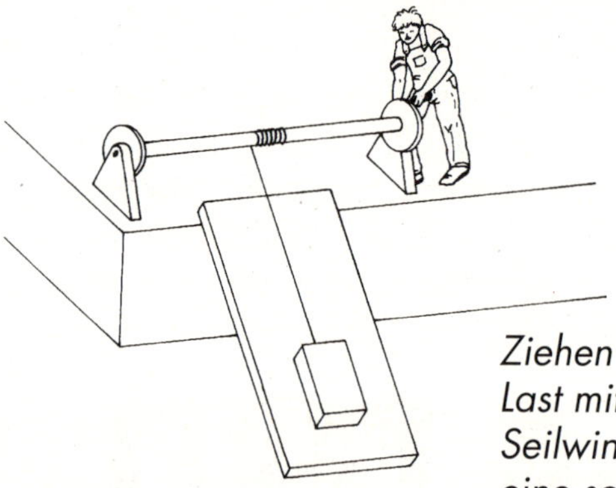

Ziehen einer Last mit einer Seilwinde über eine schiefe Ebene auf ein höheres Niveau

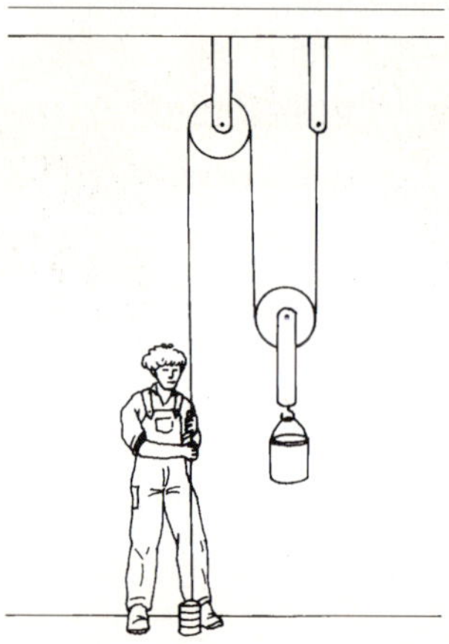

Einfacher Flaschenzug: 1 feste und 1 lose Rolle

- **Flaschenzug**
  Ein Flaschenzug ist eine Kombination von festen und losen Rollen und dient zum Heben von großen Lasten mit relativ kleinen Kräften. Die Rollen können übereinander oder auch nebeneinander angebracht sein. Je mehr Rollen, je geringer der Kraftaufwand, umso länger der Weg. Die Kraft, die zum Heben einer Last notwendig ist, errechnet man, indem man das Gewicht der Last durch die Anzahl der Rollen (tragende Seilstränge) teilt. Die goldene Regel der Mechanik besagt: Was an Kraft gespart wird, muss an Weg mehr aufgewendet werden.

Einfache Mechanik

- **Getriebe**
  Getriebe dienen der Kraftübertragung von einer Antriebswelle zu einer Abtriebswelle. Mit einem Getriebe kann man die gewünschte Drehzahl (Drehgeschwindigkeit) bestimmen und auch die Drehrichtung an der Abtriebswelle.

Altes Maschinengetriebe mit Riemenscheiben

Altes Maschinengetriebe mit Kette, Schwungrad und Kegelgetriebe

Das große Kurbelrad treibt zwei kleine Zahnräder zu hoher Geschwindigkeit an, die auf die Quirle übertragen wird

Wenn ein Zahnrad mit 20 Zähnen ein Zahnrad mit 10 Zähnen antreibt, dann dreht sich das kleinere (angetriebene) Zahnrad doppelt so schnell. Es gibt sehr unterschiedliche Zahnradformen für unterschiedliche Anwendungen, darüber hinaus auch noch z. B. Zahnstangengetriebe, Schneckengetriebe, Riemengetriebe, Kurvengetriebe, Reibradgetriebe, Kettengetriebe und außerdem noch verschiedene Spezialgetriebearten.

Gleiche Geschwindigkeit, jedoch Drehrichtung gewechselt

Größeres Rad dreht sich langsamer

Kleines Rad dreht sich schneller

Angetriebenes Rad dreht gleich schnell wie antreibendes Rad, durch das Zwischenrad auch in die gleiche Richtung wie das antreibende Rad

☞ Arbeitsauftrag

Versuche mechanische Elemente zu konstruieren und prüfe deren Wirkung (z. B. Hebelwirkung). Überlege und skizziere einfache zusammengesetzte Maschinen, versuche dann mit einem technischen Baukastensystem den Aufbau, prüfe die Funktion und teste den Ablauf (Wippe, Haspel, Flaschenzug und Getriebe).

Alter Mechanikbaukasten ca. 1930

Getriebeelemente aus dem Fachhandel zum Experimentieren

Gestaltungsmöglichkeiten

Drahtgebilde als Kurbelwelle mit Gestänge

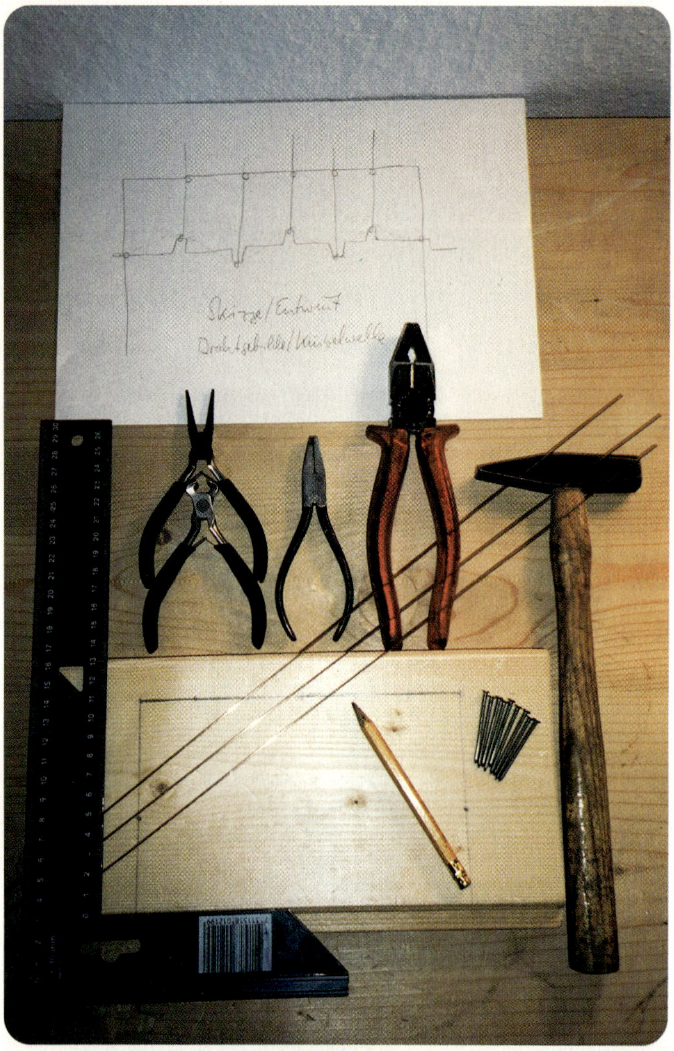

Arbeitsmaterial mit Skizze

Führungsrahmen auf der Biegevorrichtung

Mit der Flachzange gebogene Kurbelwelle

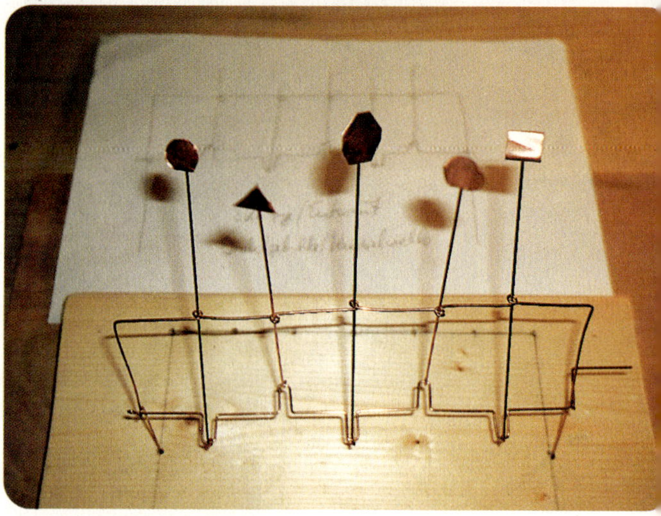

Fertiges Drahtgebilde.
Vorsichtig die Kurbelwelle drehen!

Aus biegsamen Kupfer-, Messing-, Alu- oder Eisendraht kannst du die tollsten Gebilde biegen, mit etwas Überlegung auch bewegliche, wie z. B. die Kurbelwelle mit Gestänge.

Benötigt werden nur folgende Werkzeuge: Flachzange, Rundzange, Seitenschneider oder Kombizange, Hammer, Feile zum Entgraten der Schnittstellen.

Hilfsmittel: Maßstab, Holzbrett, Nägel und Handvorbohrer. Bis auf das Bohren der Haltelöcher in das Holz-Bodenbrett (für den Führungsrahmen) und das Ablängen der Stangen werden nur Biegearbeiten ausgeführt.
Das Einfädeln der Stangen mit der Kurbelwelle in den Führungsrahmen ist nicht ganz einfach und verlangt etwas Geduld und Geschick.

Sparbüchse

Sparbüchse mit Hebel- und Hammermechanismus

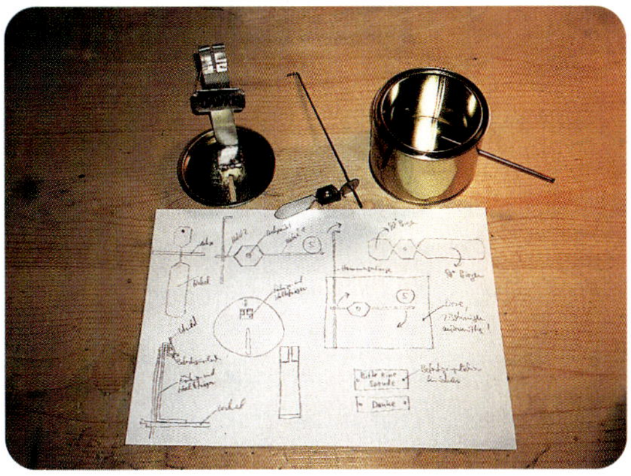

Skizze und einzelne Teile der Spardose

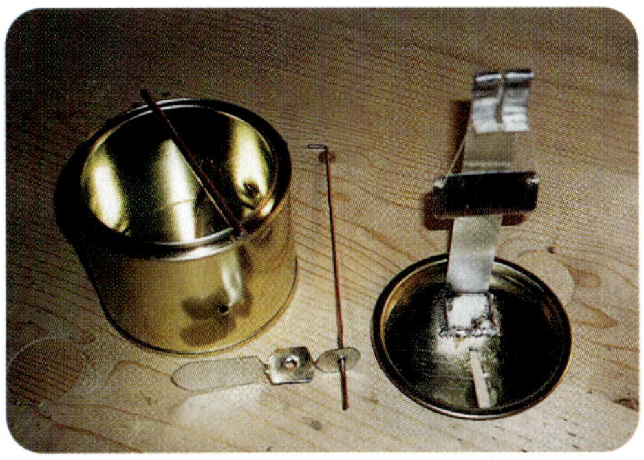

Zusammensetzen der Teile

Mechanik

Aus einer Dose kannst du eine Sparbüchse mit Überraschung herstellen. Auf einem Träger wird ein Schild platziert mit der Aufschrift „Bitte eine Spende". Wenn der Spender ein Geldstück in den Schlitz des Deckels gibt und es fällt in die Dose, dann wird über einen Hebel ein Gestänge (Hammerstange) in Bewegung gesetzt und das Schild vom Träger gestoßen. Es erscheint die Rückseite des Schildes mit der Aufschrift „Danke".

Material: breite Blechdose mit Deckel, dünnes Blech (z. B. Alu 0,5 mm), Kupfer- oder Eisenstangen (z. B. d 4 mm für Achse und d 2 mm für Gestänge), Klebstoff (oder Lötkolben mit Lot), dünne Schnur zum Anbinden des Schildes.

Werkzeug und Hilfsmittel: Maßstab, Reißnadel, Bleistift, Körner, Hammer, Bohrmaschine, Bohrer, Senker, Blechschere, Feile, 2 Flachzangen, Holzunterlage. Es wird gebohrt, gesägt (Metallbügelsäge und Laubsäge mit Metallsägeblatt), geschnitten, gebogen, geklebt oder gelötet (oder beides).

Fertige eine Skizze der Mechanik an: des Trägers mit Führung für das Hammergestänge, des Hammergestänges, der Bohrungen und Schlitze an Dose und Deckel und des Schildes. Länge die Achse und das Hammergestänge ab. Schneide den Führungs- und Halteträger sowie den Hebel aus dem Blech. Bohre die Löcher, säge die Schlitze. Biege den Hebel, das Gestänge und den Führungs- und Halteträger. Führe Hebel und Achse in die Dose ein, klebe oder löte das Hammergestänge so an den Hebel, dass es bei waagerechtem Hebel auf dem Dosenboden steht. Teste die Mechanik. Führe den Deckel über das Hammergestänge auf die Dose und passe den Führungs- und Halteträger an. Prüfe den Hammerweg. Ist alles in Ordnung, klebe oder löte den Führungs- und Halteträger auf den Deckel. Beschrifte das Schild, binde es fest und prüfe den Abwurf. Wenn dir alles gelungen ist, kann der erste Spender kommen.

Die Funktion überprüfen

Windrad

Wenn du ein einfaches Windrad aus Metall bauen willst, musst du **folgende Arbeiten** durchführen: Schneiden, Entgraten Biegen, Bohren, Nieten, Kleben oder Löten.
An Werkzeugen brauchst du: Blechschere, Feile Handbohrmaschine, Handbohrer, Handsenker, Nietzange mit Nieten, Metallklebstoff oder Lötkolben mit geeigneten Lötzinn. An Material brauchst du z. B. dünnes Weißblech, Kupfer- oder Aluminiumblech und ein Stück Drahtstange, z. B. aus Messing, als Propellerachse, zwei abgeschnittene Stücke von einem Kunststoffdübel (Abstandhalter) und ein längeres Rund- oder Kantholz, auf dem das Windrad mit einer Holzschraube befestigt wird.
Schneide die Flügel und die Flügelhalterung aus. Bohre die Löcher auf der Flügelhalterung und den Flügeln (Bohrung für die Achse nicht vergessen).

Niete die Flügel auf die Halterung – der Propeller ist fertig. Klebe oder Löte die Achse an den Propeller. Biege und Bohre die Windradhalterung. Führe die Achse mit einem Abstandhalter in die Halterung und schiebe hinten den zweiten abgeschnittenen Dübel auf das Achsende. Prüfe den Rundlauf und achte darauf, dass der Propeller nicht klemmt – dann kannst du das Dübelstück auf der Achse festkleben. Nach dem Trocknen des Klebers noch ein Lauftest und fertig ist das Windrad.
Das Windrad kann auch Energie (Windkraft) übertragen, dann wird die Achse zur Welle und treibt z. B. über eine Kurvenscheibe eine Wippe an.
Überlege dir die Funktion von Windrad, Kurvenscheibe und Wippe. Fertige Skizzen der einzelnen Teile an und ergänze das Windrad.

Brunnen und Wasserrad mit Sonnenenergie

Der Brunnen besteht aus gebrauchten Getränkedosen aus dem Abfall (Recycling), einem Steigrohr aus Messing, Weißblech (oder Kupfer) für den Wasserausguss, die Wellen- und Dosenhalterung, Drahtstange aus Messing für das Wasserrad, einer elektrischen Tauchpumpe (Zahnradpumpe) und den Solarzellen.
Die Pumpe (kann auch durch Batterie angetrieben werden, 2,4 - 3 Volt) und die Solarzellen erhältst du im Hobbyladen.

Die Kraft der Sonne

Ideen

Unterschiedliche Werkstoffe müssen bearbeitet werden: Weißblech, Messingrohre und Kupferblech.
Die Arbeit besteht aus: Anreißen, Sägen, Schneiden, Umformen, Biegen, Feilen, Verbinden (Löten, Kleben).
An Werkzeugen wird benötigt: Eisensäge, Blechschere, Holz- oder Gummihammer, Feile, Lötkolben, Klebstoff, Handbohrmaschine, Metallbohrer, Handsenker.

Unlösbare Lötverbindung; Wasserrad mit Welle

Alternativmodell aus Abfallmaterial

Einzelteile für Hammerwerk

Schneiden und Biegen des Wasserrades

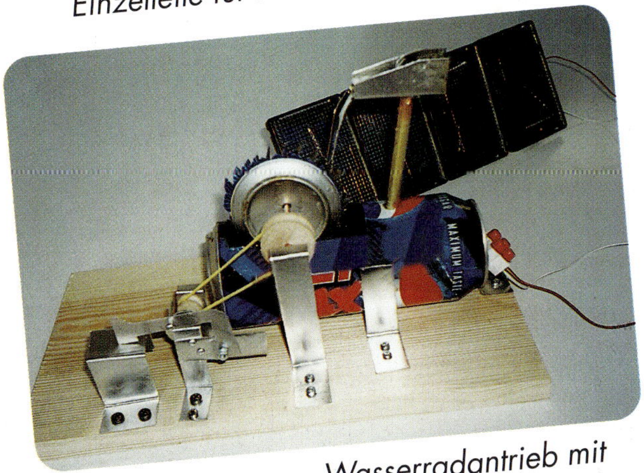

Wasserradantrieb mit Hammerwerk

Fächerverbindung PH/CH/B

Wenn du willst, dann konstruierst du noch einen Wasserradabtrieb. Mit einer von der Wasserradwelle angetriebenen Riemenscheibe kann z. B. ein Hammerwerk betrieben werden.

Hohlkörper

Runde oder eckige Blechbehälter

Der Blechbehälter besteht aus einem Hohlkörper rund oder eckig und dem dazu passenden Boden. Aus dünnem Kupfer- oder Aluminiumblech ist ein Behälter relativ leicht herzustellen.
An Material wird nur das Blech benötigt.
Werkzeuge sind: Blechschere, Flachzange, Hammer (auch Holz- und Gummihammer) Lineal zum Messen und ein Bleistift zum Markieren.
Folgende Arbeiten fallen an: Skizze des Behälters erstellen, Abmessungen festlegen, Anreißen (mit Bleistift markieren), Schneiden, Biegen, Bördeln und Falzen.

Das Blech für den Hohlkörper wird am oberen Rand umgebördelt. An den seitlichen Randflächen wird jeweils die Falzung angebogen. Das Blech zum Hohlkörper biegen. Die Falzung schließen und mit dem Hammer zuschlagen. Nun den unteren Rand aufbördeln.
Beim eckigen Hohlkörper an den Biegekanten etwas einschneiden, die Ränder lassen sich dann besser umbiegen.

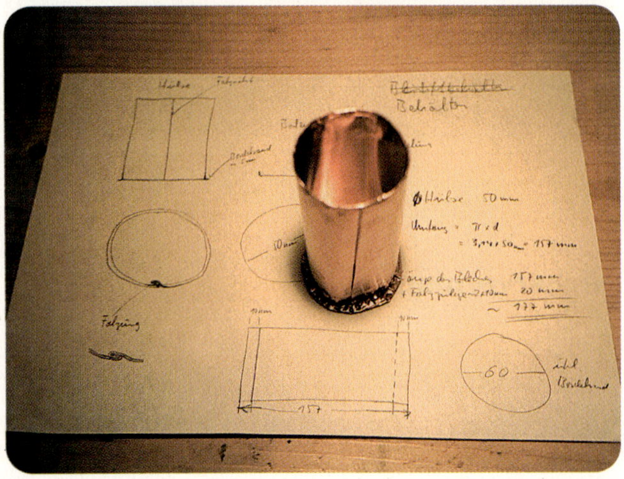

Beim runden Hohlkörper (auch beim runden Boden) anfänglich mit Hilfe der Flachzange anbiegen, dann mit dem Hammer (und einer Holzunterlage im Schraubstock) weiter arbeiten. Der Boden für den Behälter wird entsprechend ausgeschnitten und aufgebördelt.

Der Hohlkörper wird auf den Boden gestellt und die Borde des Bodens über die Borde des Hohlkörpers gebogen – zum Bodenfalz. Mit dem Hammer den Bodenfalz gut schließen.

Der Behälter ist fertig. Beim rechteckigen Behälter muss man darauf achten, dass die Falzung für den Hohlkörper auf einer Seitenfläche vorgenommen wird. Soll die Falzung in einer Ecke sein, muss eine Eckfalzung vorbereitet werden – du kannst es einmal versuchen.

Fantasien

Experimente

- Scherentiere in verschiedenen Ausführungen – Verbindungen mit Warenprobeklammern und lockeren Nietverbindungen.

Scherentiere mit Warenprobeklammern …

… oder locker genietet

Nieten der Hebel

- Fantasieautos aus Abfallmaterial

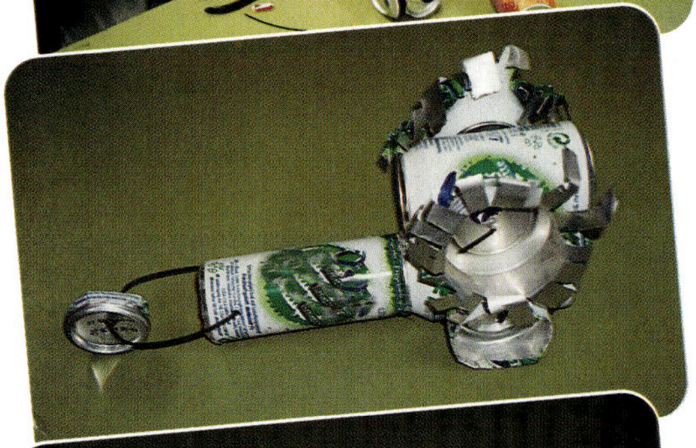

Fächerverbindung

Bist du fit in Sicherheits- und Umweltfragen?

Im Würfelspiel für zwei Spieler oder zwei Spielgruppen kannst du dich testen.

Spielregeln:

1. Wer als Erster eine 6 würfelt, darf beginnen.
2. Es dürfen mehrere Spieler auf einem Feld stehen.
3. Wer eine 6 gewürfelt hat, darf noch einmal würfeln.

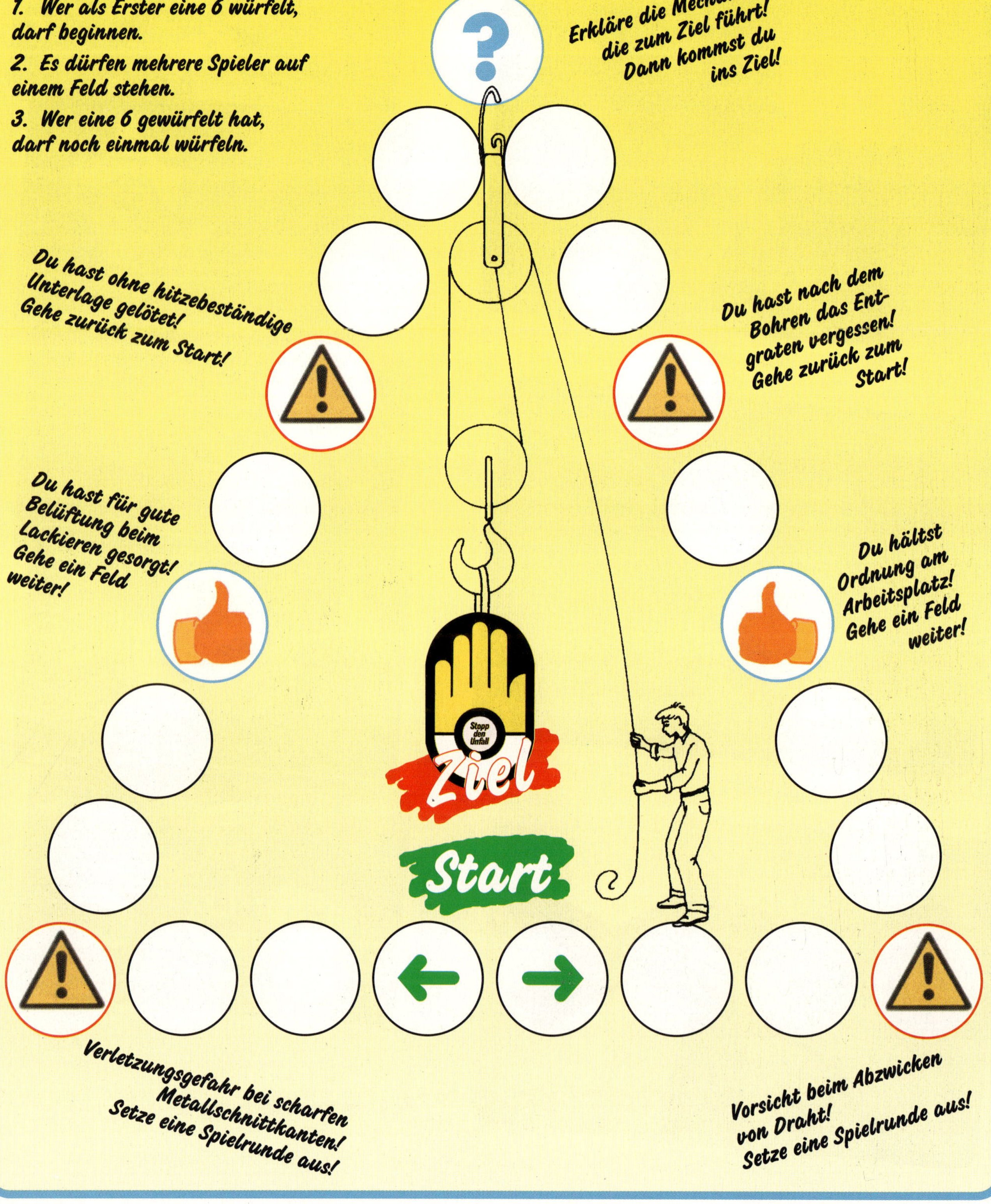

Verarbeiten textiler Flächen mit der **Nähmaschine**

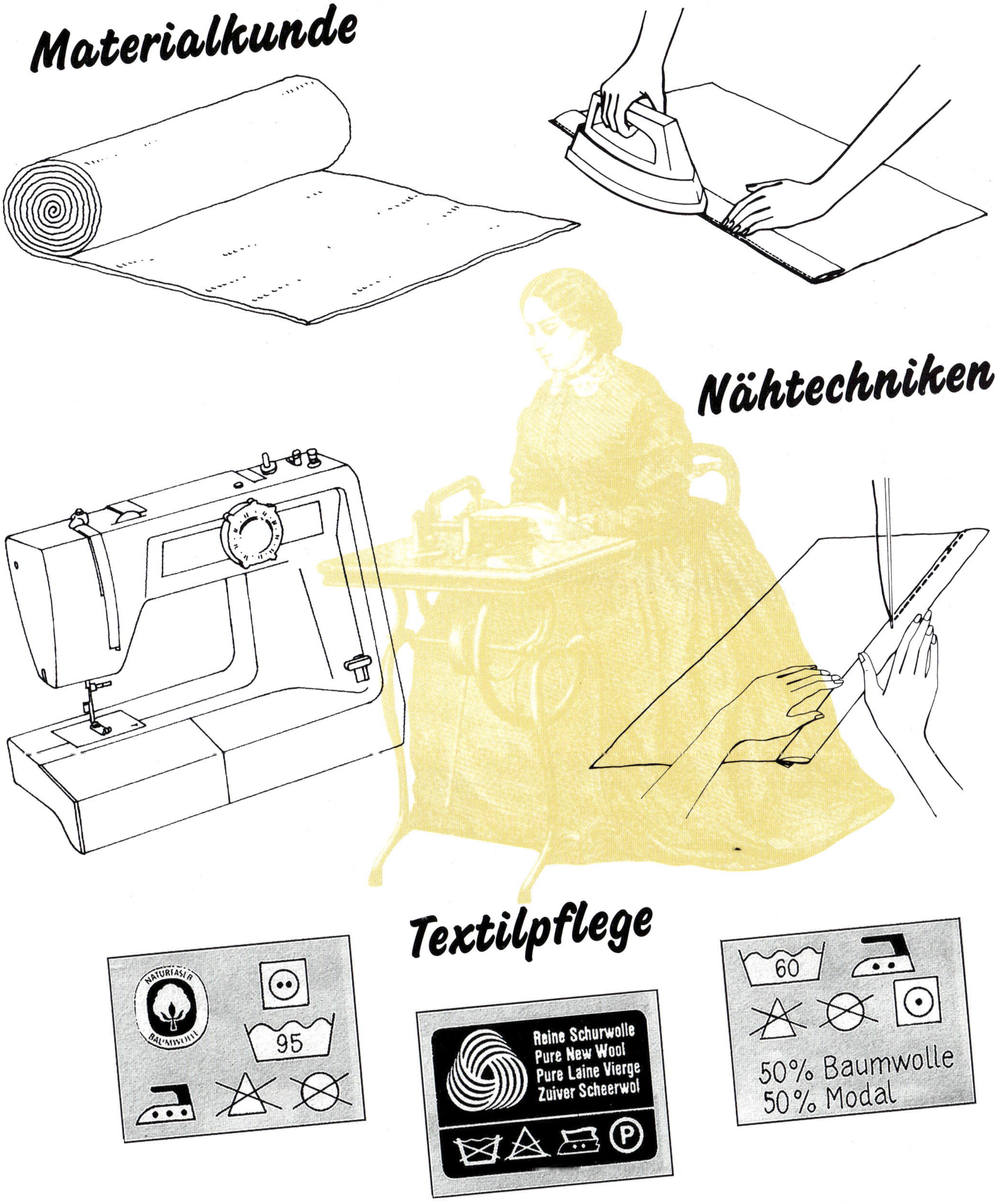

Material

Das Angebot textiler Stoffe hat in den letzten Jahren sehr an Umfang zugenommen. Zudem entwickelt die Textilindustrie ständig neue Ausrüstungsverfahren, um die verschiedensten Rohstoffe, wie Naturfasern oder Synthetiks, mit günstigen Trage- und Pflegeeigenschaften auszustatten. Es ist deshalb wichtig, vor dem Stoffeinkauf einiges zu überlegen:

Beim Stoffeinkauf

1. Welcher Gegenstand soll genäht werden?
2. Welche Eigenschaften sollte das textile Material haben?
3. Wie viel Material wird benötigt?
4. Was muss ich über Rohstoffe, Herstellungsverfahren und Ausrüstung wissen?
5. Welche Wasch- und Reinigungsverfahren werden bei den unterschiedlichen Materialien angewendet?

Rohstoffe

Naturfasern:

Pflanzliche Fasern und	**tierische** Fasern
Baumwolle	Wolle
Leinen	Kamelhaar
Hanf	Angora
Jute	Seide
Sisal	Mohair (Ziege)

Chemiefasern:

Cellulosefasern und	**synthetische** Fasern
Viskose	Polyester
Acetat	Polyamid
Polyacryl usw.	

Ausrüstungsverfahren – *„Textilveredelung"*

Bleichen: Textilien aus Baumwolle, Leinen, Wolle oder Seide sind von Natur aus gelblich oder beige. Um ein strahlendes Weiß zu erhalten, wird das Rohmaterial mit Chemikalien aufgehellt und gebleicht. Auch gefärbte Textilien werden üblicherweise vor dem Färben gebleicht - da der Stoff im gebleichten Zustand die Farbe besser aufnehmen kann.

Färben: Es werden ca. 2 000 verschiedene Farbstoffe verwendet, aus denen ungefähr 50 000 Farbtöne hergestellt werden. Fasern, Garne und textile Flächen werden zum Färben in Farbbäder (Farbflotten) getaucht. Nach dem Färben erfolgen mehrfache Spülvorgänge. Überschüssige Farbe, die nicht ganz herausgespült wurde, kann beim späteren Waschen der Textilien zu Verfärbungen führen.

Bedrucken: Beim ***Walzen-*** oder ***Rouleaudruck*** ist das Muster auf einer Druckwalze eingraviert. Dieses Verfahren eignet sich für kleinere Muster.

Rouleaudruck mit Druckwalzen

Größere Muster werden mit dem ***Schablonen-*** oder ***Filmdruckverfahren*** hergestellt.

Ausrüstungsverfahren

Schablonendruck- oder Filmdruckverfahren

Alte Modeldruckmaschine einer Lindauer Stoffdruckfirma (von 1875 - 1975 in Betrieb)

Mercerisieren: Ist eine spezielle Veredelung der Baumwolle. Die Baumwolle wird mit Natronlauge behandelt und unter Spannung getrocknet. Die Fasern quellen auf und erhalten einen dauerhaften Glanz. Mercerisierte Baumwolle hat folgende Eigenschaften: Sie hat einen seidigen Glanz, ist reißfest, saugfähig, lässt sich gut einfärben und läuft nicht ein. Mercerisierte Baumwolle ist im Allgemeinen für die Haut gut verträglich.

Rauen: Walzen mit kleinen Stahlhäkchen ziehen die Faserenden aus den textilen Geweben heraus und rauen so die Oberfläche auf. Das Material kann auf einer Seite oder auch auf beiden Seiten aufgeraut werden. ***Biber, Flanell*** und ***Finette*** sind die Bezeichnungen für aufgeraute Stoffe.
Das Warmhaltevermögen und die Feuchtigkeitsaufnahme von gerauter Baumwolle ist höher als bei glatter Oberfläche.

Pflegeleicht ausrüsten: Durch formaldehydhaltige Kunstharze werden Baumwollstoffe mit pflegeleichten Eigenschaften ausgestattet. Sie sind knitterarm, bügelleicht, trocknen schneller, da sie weniger Wasser aufnehmen, sind Schmutz und Flecken abweisend, aber nicht mehr so reiß- und scheuerfest. Pflegeleicht ausgerüstete Textilien können, insbesondere bei Allergikern, zu Hautreizungen führen.

Herstellungsverfahren textiler Flächen

Weben	**Maschenbildung**	**Filzen und Walken**
mit 2 verschiedenen Fadensystemen	durch Schlingenbildung	mechanische Einwirkung auf Fasern unter Feuchtigkeit, Druck und Wärme
	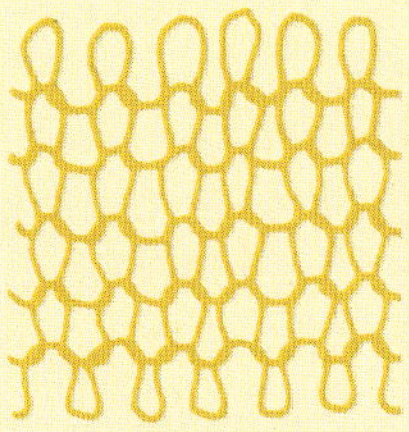	
	Erzeugnisse	
Webwaren	**Maschenwaren**	**Verbundstoffe** (Filz, Vliesstoffe, Fleece)
	Eigenschaften	
fest oder hart strapazierfähig	weich und elastisch geringe Strapazierfähigkeit	weich, teils dehnbar sehr geringe Strapazierfähigkeit
wärmt nur teilweise	wärmt gut bis sehr gut	wärmt gut bis sehr gut
	Verwendung für	
Bekleidung wie: Hemden Blusen Hosen, Jacken Tisch- und Bettwäsche	Unterwäsche Sportkleidung Pullover Strümpfe	Mäntel, Jacken Einmalkleidung in der Krankenpflege

Material Jeansstoff/Umweltbelastung

Jeansstoff – Herstellung und Veredelung

Jeansstoff wird aus Baumwolle hergestellt. Die Baumwollpflanze wächst in subtropischem Klima, meist als Monokultur. Dass auch neue Jeans alt, verschlissen und ausgewaschen aussehen sollen, ist ein Modetrend. Um dies zu erreichen, wird der Jeansstoff chemisch behandelt, z. B. mit Natronlauge gewaschen oder mit Bleichmitteln behandelt.
Bei den im Handel angebotenen „stone-washed" Jeans waren meistens keine Steine in der Waschmaschine. Die Strapazierfähigkeit der Jeans wird dadurch erheblich herabgesetzt, sodass ein schneller Verschleiß eintritt. Das Material ist oft erst nach 10 Wäschen schadstofffrei.

Umweltbelastung und Schadstoffe

Bei der industriellen Herstellung und Veredelung von Textilien wird die Umwelt stark belastet. Beim Bleichen, Färben Bedrucken und Veredeln werden Chemikalien verwendet, z. B. Formaldehyd und Natronlauge, die für Mensch und Natur schädlich sind.
Der benötigte Wasserverbrauch ist relativ hoch und damit auch die Belastung des Abwassers – nur ca. 60 % der Farbe verbleibt in der Textilie, der Rest wird mit dem Spülwasser in die Kanalisation geleitet. Viele Kläranlagen können die Abwässer nicht vollständig reinigen. Zu beachten ist auch, dass bei der Bewirtschaftung der Baumwollfelder große Mengen an Kunstdünger, Schädlingsbekämpfungs- und Entlaubungsmitteln eingesetzt werden, um profitablen Ertrag zu erzielen. Oft befinden sich noch Rückstände der Chemikalien aus Anbau und Veredelung in den im Handel angebotenen Textilien – bei Allergikern kann es bei Hautberührung zu Reaktionen kommen.
Die industrielle Textilproduktion und -verarbeitung ist in Deutschland stark zurückgegangen und hat sich nach Fernost und in Dritte-Welt-Länder verlagert – wahrscheinlich auch wegen der in Deutschland bestehenden Umweltschutzrichtlinien und weiteren behördlichen Sicherheitsvorschriften bei der Herstellung von Textilien.

Naturtextilien – schadstoffgeprüft

Green Cotton ist eine Bezeichnung für ökologisch angebaute Baumwolle. Auf so genannte „chemische Keulen", wie Verwendung von Entlaubungsmitteln bei der Ernte oder Einsatz von Pestiziden, wird verzichtet. Die Fasern werden auch nicht gebleicht und nur mit Pflanzenfarben eingefärbt. **Der Verbraucher sollte beim Einkauf von Textilien auch auf den Umweltschutz achten!**

umweltfreundlich
weil ...
Jury Umweltzeichen

Textilkennzeichnung

Der Anteil des Rohstoffgehaltes muss in Prozenten angegeben werden.

Naturtextilien/Kennzeichnungen

Gütezeichen garantieren für Qualität. Ein Ausschuss des Bundeswirtschaftsministeriums überwacht die Einhaltung der Rohstoffzusammensetzung und die Einhaltung der Qualitätsnormen.

Naturfaser Baumwolle — Internationales Seidenzeichen — Rein Leinen — Reine Schurwolle

Warenzeichen und Markenzeichen geben Auskunft über den Hersteller, sie werden von ihm gestaltet.

Gore-Tex Guarantee — Mustang

Die Pflegekennzeichen

Bei der Auswahl und dem Einkauf textilen Materials ist es wichtig, die Pflegekennzeichen zu beachten. Ist der Stoff nicht waschbar, so können hohe Reinigungskosten und verstärkte Umweltbelastungen anfallen.

WASCHEN (Waschbottich)	95	95 (mit Balken)	60	60 (mit Balken)	40	40 (mit Balken)	40 (mit zwei Balken)	30 (mit Balken)	Hand im Bottich	Bottich durchgekreuzt
	Normal-waschgang	Schon-waschgang	Normal-waschgang	Schon-waschgang	Normal-waschgang	Schon-waschgang	Spezial-Schon-waschgang	Schon-waschgang	Hand-wäsche	nicht waschen
	Die **Zahlen** im Waschbottich entsprechen den **maximalen Waschtemperaturen,** die nicht überschritten werden dürfen. – Der **Balken** unterhalb des Waschbottichs verlangt nach einer (mechanisch) **milderen Behandlung** (zum Beispiel Schonwaschgang). Er kennzeichnet Waschzyklen, die sich z. B. für pflegeleichte und mechanisch empfindliche Artikel eignen.									

CHLOREN (Dreieck)	Dreieck mit Cl	Dreieck durchgekreuzt
	Chlorbleiche möglich	Chlorbleiche nicht möglich

BÜGELN (Bügeleisen)	Bügeleisen mit drei Punkten	Bügeleisen mit zwei Punkten	Bügeleisen mit einem Punkt	Bügeleisen durchgekreuzt
	heiß bügeln	mäßig heiß bügeln	nicht heiß bügeln	nicht bügeln
	Die Punkte kennzeichnen die Temperaturbereiche der Reglerbügeleisen.			

CHEMISCH-REINIGUNG (Reinigungstrommel)	A	P	P (mit Balken)	F	F (mit Balken)	Kreis durchgekreuzt
						keine Chemischreinigung möglich
	Die **Buchstaben** sind für den Chemischreiniger bestimmt. Sie geben einen Hinweis auf die infrage kommenden **Lösemittel.** Der **Balken** unterhalb des Kreises verlangt bei der Reinigung nach einer **Beschränkung** der mechanischen Beanspruchung, der Feuchtigkeitszugabe und der Temperatur.					

TUMBLER-TROCKNUNG (Trockentrommel)	Trommel mit zwei Punkten	Trommel mit einem Punkt	Trommel durchgekreuzt
	Trocknen mit normaler thermischer Belastung	Trocknen mit reduzierter thermischer Belastung	Trocknen im Tumbler nicht möglich
	Die Punkte kennzeichnen die Trocknungsstufen der Tumbler (Wäschetrockner)		

Materialberechnung
Textile Stoffe werden als Meterware verkauft. Die Stoffe haben meistens genormte Stoffbreiten von entweder 140 cm bzw. 150 cm bei Woll- und Mantelstoffen oder 112 cm bei Seiden aus Asien. Je nach Größe und Umfang des gewünschten Gegenstandes wird der Stoffverbrauch berechnet.

Nähzubehör – Kurzwaren

Zum Nähzubehör gehören die verschiedenen ***Nadeln*** wie: Nähmaschinennadeln für normale Stoffe, spezielle Nadeln für Jeans- oder Jerseystoffe, Nähnadeln in verschiedenen Stärken und Stecknadeln.
Ein großes Sortiment an ***Nähgarnen*** bekommst du in Textilfachgeschäften oder den Fachabteilungen der Kaufhäuser.
Auch verschiedene ***Bänder,*** z. B. Nahtband, Wäscheband, Schrägband, festes Gurtband, Klettband und dergleichen, sind dort erhältlich. Knöpfe, Druckknöpfe, Ösen, Nieten, Reißverschlüsse und Klettverschluss werden für den einen oder anderen Nähgegenstand benötigt.

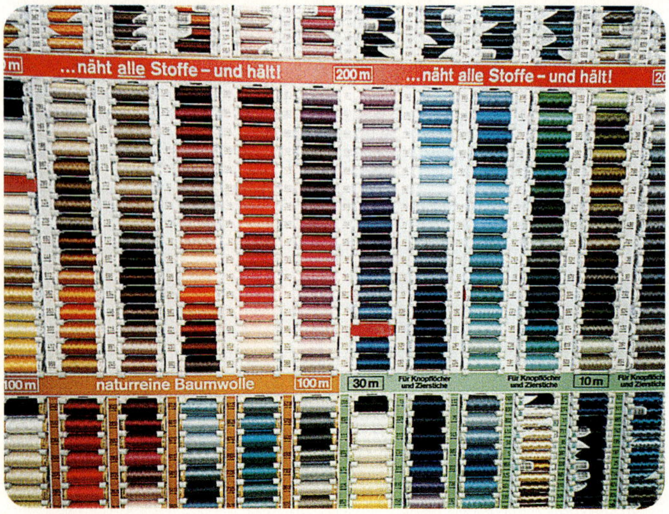

Wichtige **Werkzeuge** und **Hilfsmittel** sind: eine Stoffschere und Zuschneideschere, Maßband oder Handmaß, Schneiderkreide und Stecknadeln.

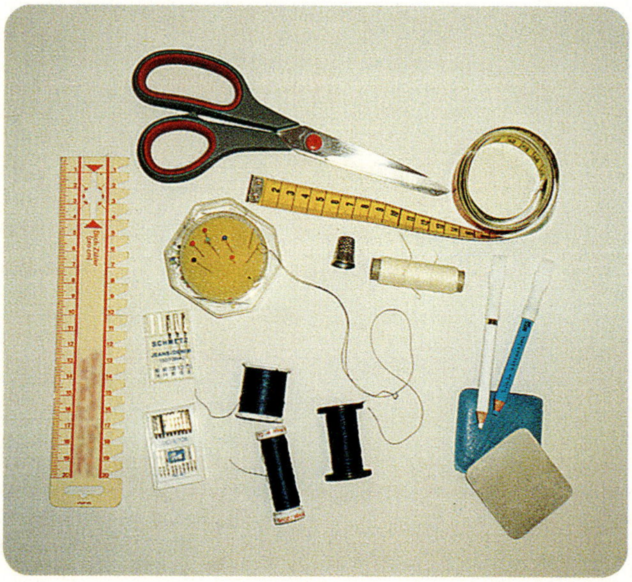

Pflegemaßnahmen

Arbeitsauftrag

Textile Gegenstände, wie Bekleidung, Taschen, Rucksäcke, Beutel usw., werden durch den Gebrauch verschmutzt und müssen daher gereinigt werden. Informiere dich anhand des Etiketts über die Pflegekennzeichen. Erkläre die Symbole! Sortiere die Gegenstände zum Waschen mit der Maschine und berücksichtige die verschiedenen Waschverfahren. Wann ist die Handwäsche nötig?
Informiere dich über die Zusammensetzung der Waschmittel und ihre Umweltverträglichkeit auf den Verpackungen. Denke auch bei der Maschinenwäsche an den Umweltschutz!

Sortieren

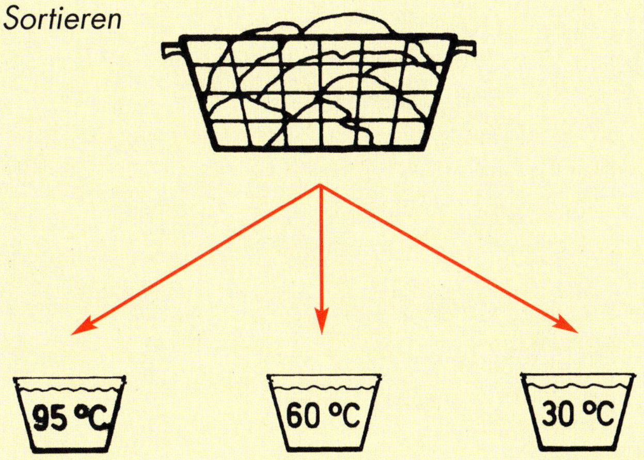

Kochwäsche: *Leinen, Baumwolle*

Heißwäsche: *Farbige Wäsche aus Leinen, Baumwolle, Mischgewebe*

Lauwarmwäsche: *Wolle, Seide*

Pflegemaßnahmen zur Werterhaltung von Textilien

Fächerverbindung

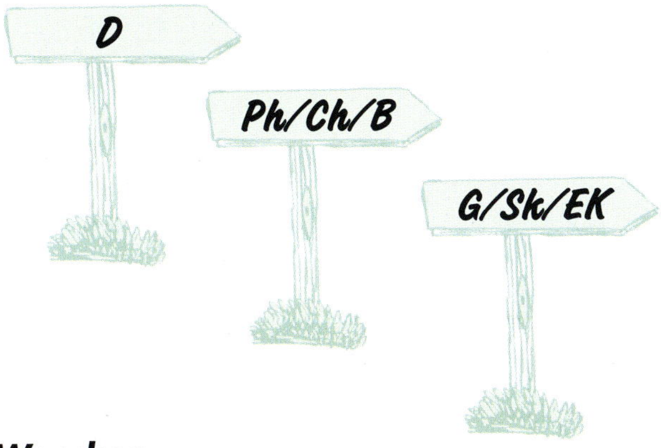

Waschen

Vorbereitende Arbeiten
Die Textilien ***sortieren*** nach:
- dem Waschverfahren (Waschtemperatur)
- der Farbe
- dem Verschmutzungsgrad

Dabei ***besondere Arbeiten*** erledigen:
- Taschen entleeren
- Reißverschlüsse schließen
- hochgestülpte Ärmel oder Hosenbeine umdrehen und ausbürsten
- Flecken und starke Verschmutzungen, z. B. am Kragen, mit Seifenpaste einreiben

Das Waschverfahren
Zum Waschen ist Wasser, Waschmittel (Chemie), Temperatur, Zeit und Mechanik nötig.
Je nach Material und Waschverfahren, wie Kochwäsche, Heißwäsche und Feinwäsche, sind die Waschfaktoren – Temperatur, Zeit, Mechanik und Waschmittel – variabel.

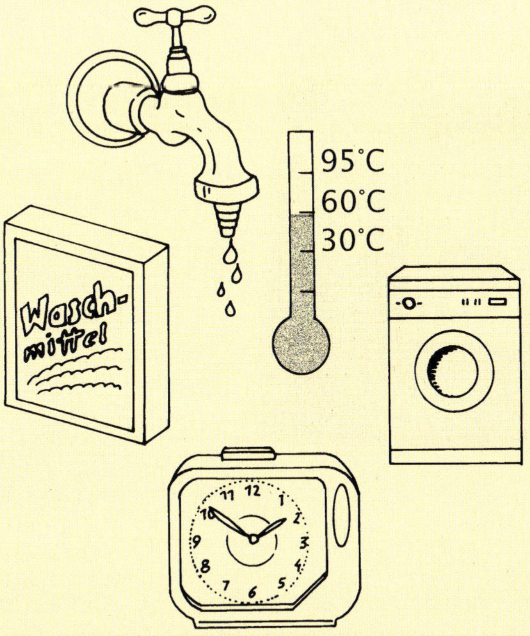

Waschverfahren

Die ***Waschmittel*** werden nach ihrer Verwendung eingeteilt: in ***Vollwaschmittel, Spezialwaschmittel,*** z. B. ***Feinwaschmittel*** für bestimmte Faserarten wie Wolle, Seide oder für Buntwäsche und dergleichen.
Außerdem gibt es noch ***Vorbehandlungsmittel*** (zur Behandlung von hartnäckigen Flecken und Verschmutzungen), ***Nachbehandlungsmittel*** (zum Spülen und Stärken) und ***Wasserenthärtungsmittel*** (so genannte Entkalker).
Die ***Waschmaschinen*** arbeiten vollautomatisch, meistens mit mehreren Waschprogrammen.
Mit dem Programmschalter und dem Temperaturregler können die gewünschten Waschverfahren gewählt werden, z. B. mit Vorwäsche bei starker Verschmutzung oder ohne Vorwäsche bei normal verschmutzter Wäsche.

Die Wäsche wird bei der eingestellten Temperatur gewaschen, mehrfach gespült und anschließend programmgemäß geschleudert oder „schongeschleudert". Die saubere Wäsche soll dann fachgerecht aufgehängt oder im Trockner (Tumbler) getrocknet werden.
Heute haben die meisten Waschmaschinen Energiesparprogramme, wie halbe Wäschemenge, weniger Wasser usw.

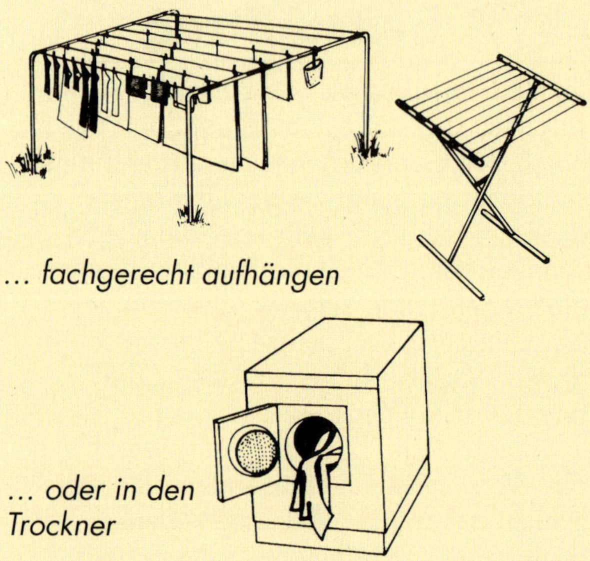

... fachgerecht aufhängen

... oder in den Trockner

Die ***Handwäsche*** wird bei sehr empfindlichen Materialien, z. B. feine, weiche Woll- oder dünne Seidenstoffe durchgeführt.
Auch Gegenstände, die wahrscheinlich beim ersten Waschen ausfärben, wäschst du besser separat mit der Hand, damit andere Stücke nicht verfärbt werden. Die Wassertemperatur soll „handwarm" sein, also ca. 30 °C betragen.

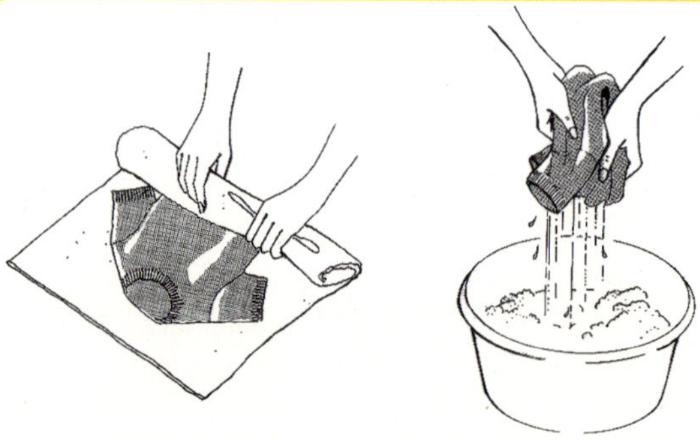

Ein Feinwaschmittel reinigt und schont die Fasern und Farben. Die Wäschestücke werden nur leicht in der Waschlauge gedrückt, nicht gerieben! Es soll so oft gespült werden, bis keine Seife mehr im Wasser zu sehen ist. Das Wasser aus den Gegenständen drücken, dabei aber nicht auswringen. Wollsachen in ein Frottierhandtuch einrollen und ausdrücken. Strickwaren auf einem trockenen Handtuch in Form legen und an der Luft trocknen. Vorsicht nicht bei direkter Sonneneinstrahlung und nicht an der Heizung trocknen, sonst gibt es ausgebleichte Stellen!

Waschen/Bügeln

Material

Regeln zum „umweltfreundlichen Waschen"

So viel Wäsche zusammenkommen lassen, dass das Fassungsvermögen der Maschine ausgelastet ist. Denn zweimal Sparprogramm kosten mehr Energie und Wasser als eine normale Füllung.
Zu viel Waschmittel belastet die Umwelt! Auf die vom Hersteller angegebene Waschmittelmenge achten! Bei normal verschmutzter Wäsche auf die Vorwäsche verzichten! Weiße Wäsche muss nicht immer gekocht werde, sie kann auch bei 60 °C gewaschen werden, so wird 40 % Energie gespart! Weichspüler belasten Abwasser und Umwelt und können zudem Hautallergien verursachen. Oft kann man auf Weichspüler verzichten!

Bügeln

Durch das Bügeln wird die Wäsche glatt und somit schmutzabweisender und sieht gepflegter aus. Beachte auch hier die Pflegekennzeichnung für die Bügeltemperatur.

Z. B. Leinen und Baumwolle vertragen hohe Temperaturen,

Wolle und Seide mittlere Einstellung,

Chemiefasern und pflegeleicht ausgerüstete Textilien die niedrigste Bügeltemperatur.

Entweder ein Bügelbrett oder ein Bügeltisch mit einer weichen Bügelauflage (Moltondecke) und darüber ein glattes, fusselfreies Leintuch gelegt ist der geeignete Arbeitsplatz.

Vorbereitende Arbeiten

Die Wäsche ***bügelfeucht*** von der Leine nehmen oder trockene Leinen- und Baumwollwäschestücke leicht mit Wasser einsprengen und durchziehen lassen. Knitter und Falten lassen sich durch feuchte Wärme besser glätten.

Arbeitsplatz

Die Bügelwäsche nach gleichen Stücken ***sortieren*** wie kleine glatte Teile, große glatte Teile und geformte Teile wie Hemden, Blusen, Schürzen usw. Mit der niedrigsten Temperatureinstellung beginnen, dann die mittlere und anschließend die höchste Wärmestufe einstellen; so wird verhindert, dass das Bügeleisen zu heiß ist und zwischendurch abkühlen muss.

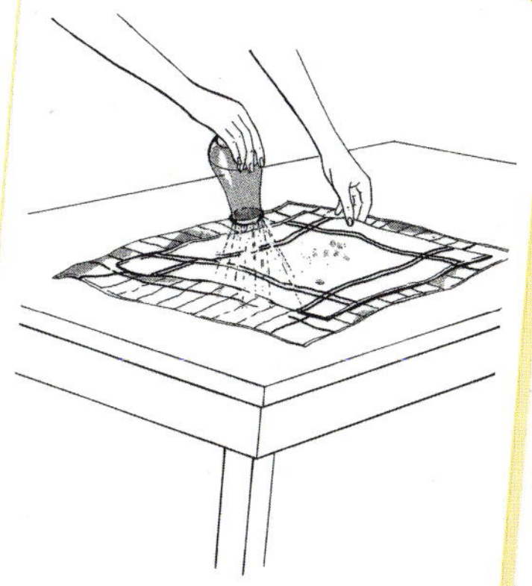

Einsprengen

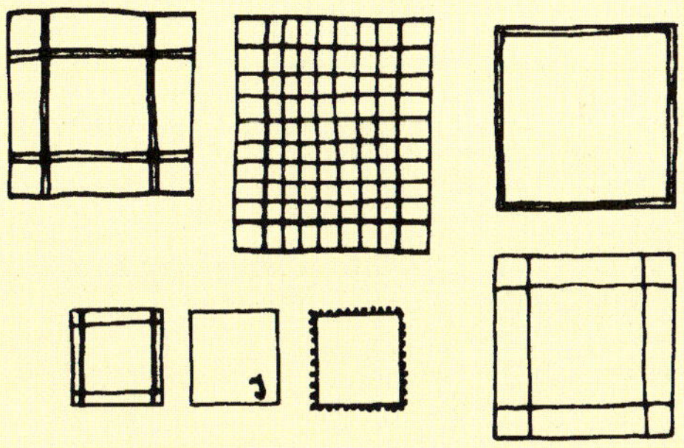

kleine glatte Teile

große glatte Teile

geformte Teile

Bügeln/Nähaufgabe

Bügelregeln
Doppelte Stoffteile erst von links, dann von rechts bügeln (bei Knopfleisten, Kragen, Manschetten). Im Allgemeinen wird auf der rechten Seite gebügelt, nur Stickerei von links bügeln, damit sie sich rechts durchdrückt.
Immer von sich weg bügeln, das heißt, dass bei großen Wäschestücken der gebügelte Teil auf der anderen Seite des Bügelbrettes herunterhängt.
Alle weghängenden Teile wie Ärmel, Bänder zuerst bügeln, dann die großen Flächen des Vorderteils oder Rückenteils von Hemden, Blusen und Schürzen bügeln.
Bei Falten oder angerüschten Teilen immer vom Weiten ins Enge bügeln.
Gebügelte Teile fachgerecht zusammenlegen oder Blusen und Hemden auf Bügel hängen.

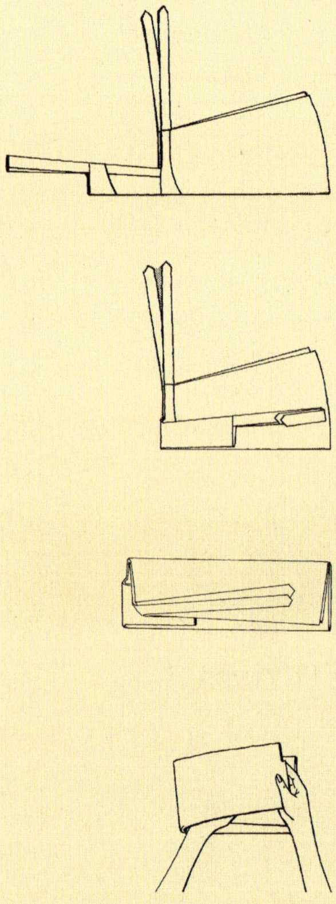

Schürze fachgerecht zusammenlegen

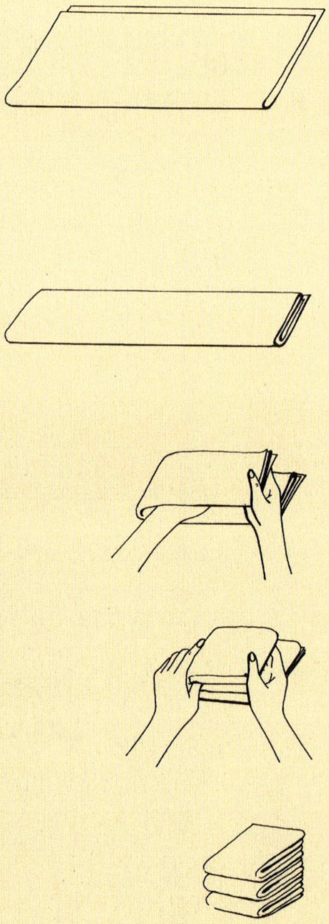

Handtuch fachgerecht zusammenlegen

☞ Arbeitsauftrag

Überlege, welche Eigenschaften das textile Material für einen Rucksack oder Matchbeutel haben sollte! Zeichne den gewünschten Rucksack/Matchbeutel auf! Überlege und notiere dir die Größe des Beutels, der Seitentasche, des Deckels.

Rucksack

Materialauswahl
Das textile Material soll strapazierfähig, reißfest, in der Qualität einerseits nicht zu dünn, aber auch nicht zu stark sein, damit es auch problemlos zu nähen ist.

Materialauswahl

Planen einer Nähaufgabe

Der Rucksack soll auch waschbar sein. Ein festes Gewebe aus Baumwolle oder ein Baumwollmischgewebe ist für diesen Gegenstand geeignet, z. B. Jeansstoff.
Bei festeren Qualitäten unbedingt „Jeansnähnadeln" in die Nähmaschine einsetzen, normale Maschinennadeln brechen sonst ab!

Materialberechnung

Die Saum- und Nahtzugaben dürfen bei der Materialberechnung nicht fehlen.

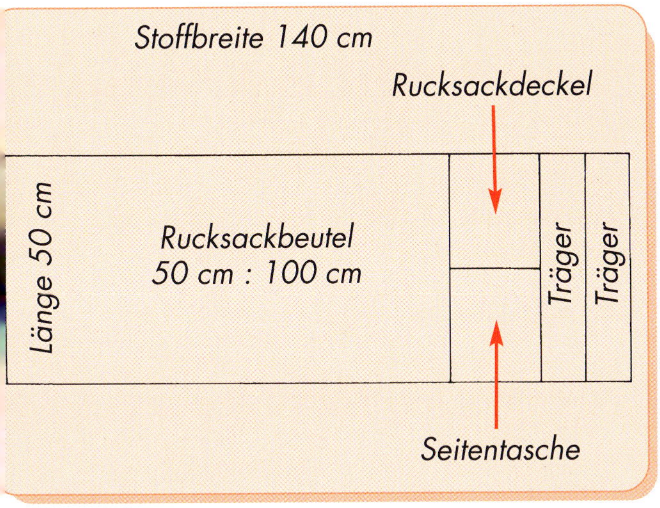

Schnittgewinnung

Es gibt verschiedenen Möglichkeiten der Schnittgewinnung:

- Du nimmst die Maße von einen fertigen Modell ab.
- Du verwendest einen käuflichen Fertigschnitt.
- Du überlegst und planst den Rucksack oder Matchbeutel nach deinen Wünschen und dem entsprechenden Verwendungszweck.

Rucksack

Käufliche Schnittmuster

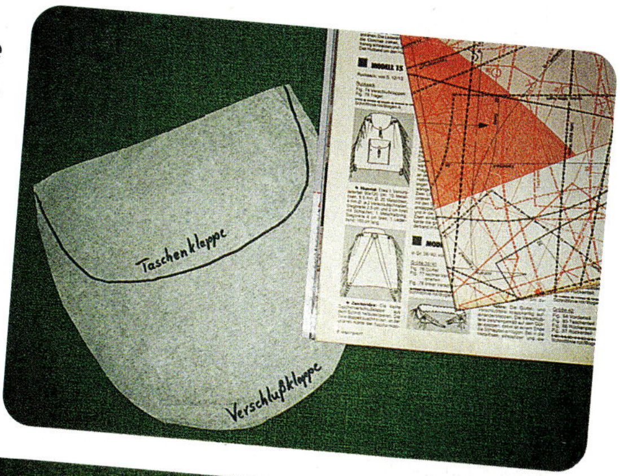

Käuflicher Fertigschnitt

Individuell gestalteter Matchbeutel

Zuschneiden

Du benötigst dazu ein Maßband, Handmaß, Schneiderkreide und eine Zuschneideschere.
Den Schnitt auflegen oder die einzelnen Teile auf der linken Stoffseite ausmessen und mit Schneiderkreide aufzeichnen. Die großen Teile immer zuerst auflegen oder abmessen. Naht- und Saumzugaben mit anzeichnen.
Für Teile, die zweimal benötigt werden, wie Träger oder kleine Taschen, den Stoff doppelt legen, einmal aufzeichnen und zuschneiden.

Näharbeit Rucksack

Näharbeiten

- Die Schnittkanten am großen Rucksackbeutel versäubern (mit der Nähmaschine einzacken). Die kleine Seitentasche genauso vorbereiten.

Schnittkanten versäubern

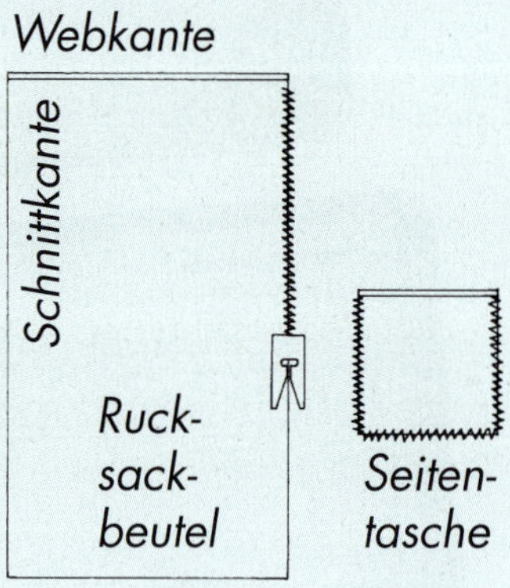

- An der Seitentasche einen ca. 2 cm breiten Saum oben am Eingriff nähen. An den drei übrigen Seiten schmale Säumchen vorbereiten. (Stecken und heften.)

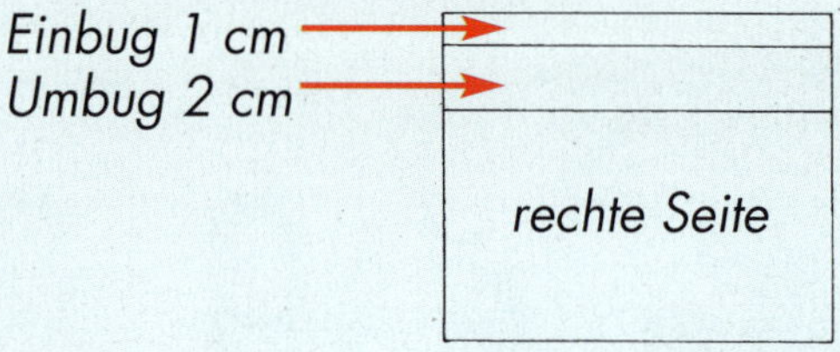

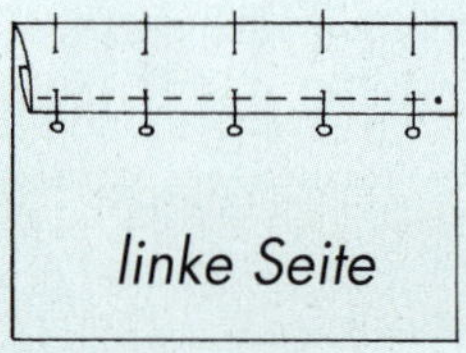

An der Seitentasche einen 2 cm breiten Saum nähen

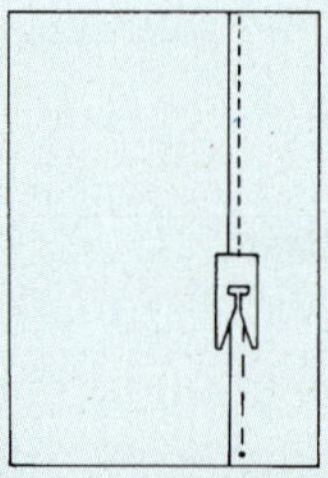

Saum schmalkantig nähen

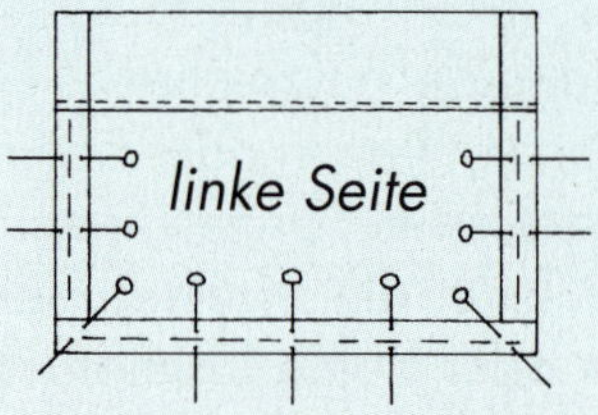

Seitentasche: schmale Säumchen stecken und heften

- Die Seitentasche auf den Rucksackbeutel, Mitte auf Mitte ca. 5 bis 6 cm vom unteren Rand, anstecken, festheften, anschließend mit der Maschine ansteppen.

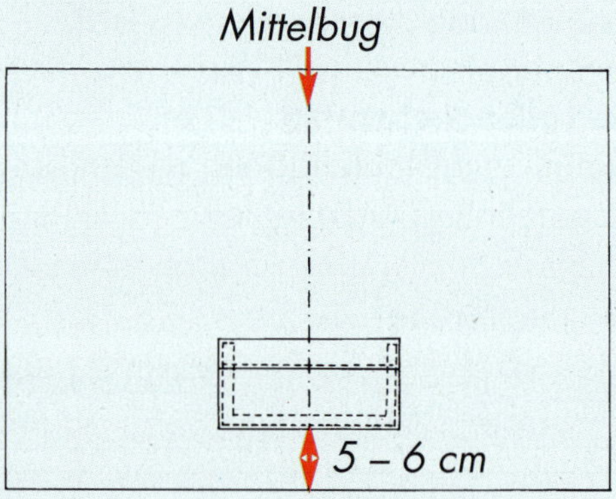

Seitentasche auf dem Rucksackbeutel annähen

- Den Rucksackbeutel mit einer einfachen Naht schließen. Die Nahtzugabe auseinander bügeln

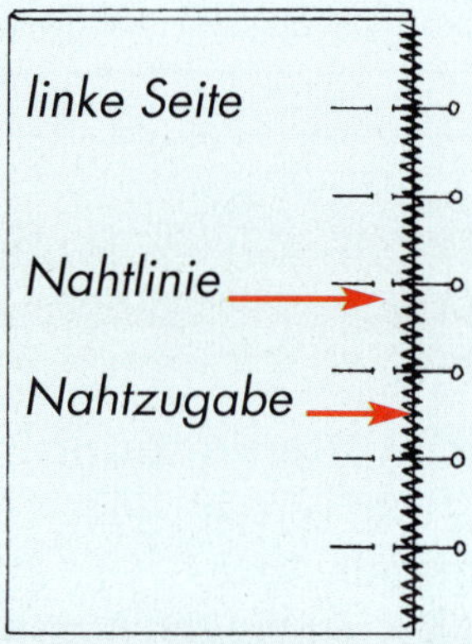

Rucksackbeutel mit einer einfachen Naht

- Am Boden des Rucksackes ebenso eine einfache Naht nähen. Dabei liegt die bereits genähte Naht in der Mitte des Bodens.

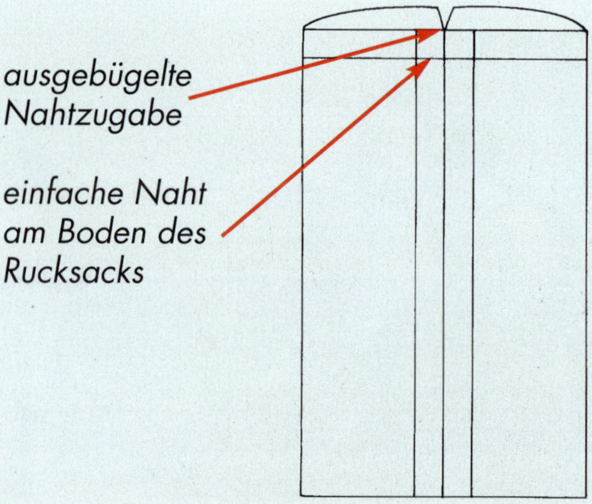

Näharbeit Rucksack

- Den Saum am Rucksack vorbereiten: Saumbreite messen und anzeichnen, auf der rechten Stoffseite. (Einbug 1 cm, Umbug 3 cm)

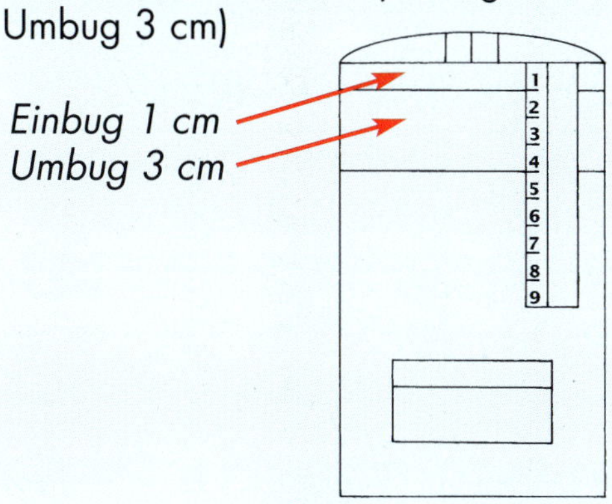

Saum bügeln

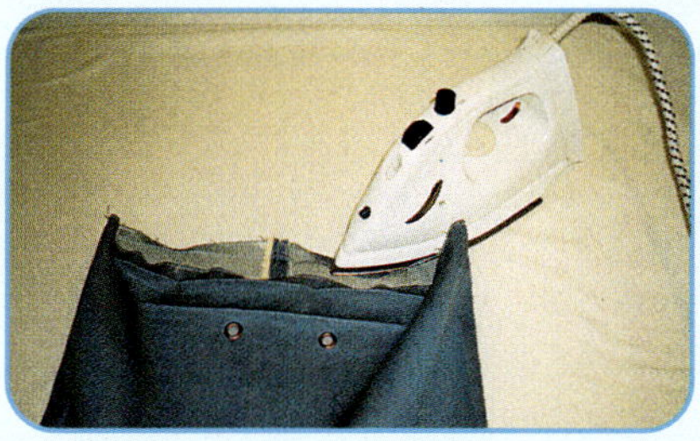

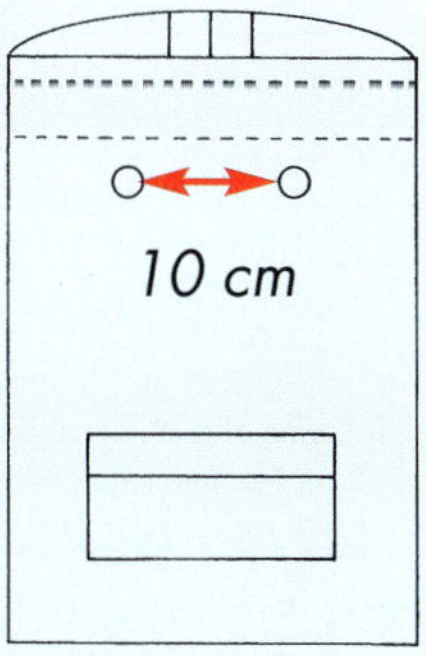

Ösen unterhalb der Umbruchkanten anbringen

- Zuerst den Einbug auf die linke Seite bücken und festbügeln, dann ebenso beim Umbug arbeiten.
- Ca. 0,5 cm von der Umbruchkante auf der Vorderseite des Rucksackes zwei Ösen mit einem Abstand von ca. 10 cm anbringen – für die Durchzugskordel, die den Rucksack oben verschließen soll.
- Den Saum nun stecken, heften und schmal an der Kante mit der Nähmaschine festnähen.
- Für den Deckel ein ovales oder rechteckiges Stoffstück zuschneiden. Den Rand entweder mit Schrägband einfassen oder Säume nähen oder zwei Teile verstürzt zusammennähen.
- Den Deckel an der Rückseite unterhalb der Saumlinie in der Mitte annähen.
- Geeignete Verschlussmöglichkeiten für den Deckel auf der Vorderseite des Rucksackes sind: Knopf mit Knopfloch, Druckknopf, Klettverschluss usw.
- Zum Schluss werden die Träger am Rucksack befestigt. Die Träger kannst du aus dem gleichen Stoff wie den Rucksack nähen oder du kaufst Träger aus Synthetik.

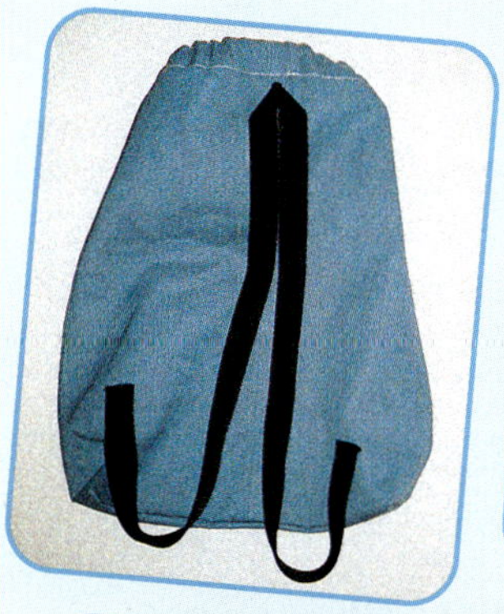

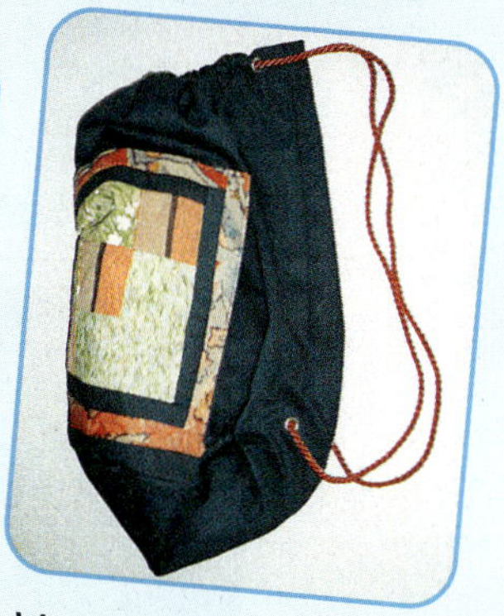

Verschiedene Trager

Näharbeit Kissen

Weitere Möglichkeiten

Rucksack mit verschiedenen Jeansstoffen, mit einer Seitentasche in Patchworktechnik oder Matchbeutel.

Weitere Möglichkeiten …

Materialberechnung

Für ein kleines Sofakissen, 40 cm zu 40 cm mit Knopflochleiste, sind ca. 45 cm Stoff, bei einer Stoffbreite von 140 cm, notwendig.

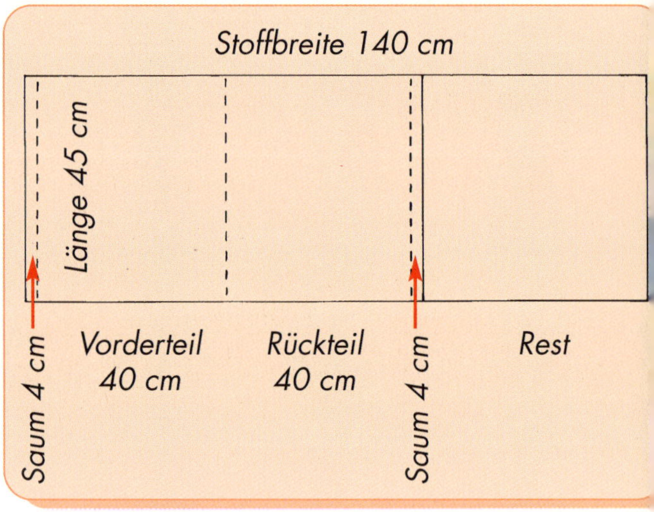

Kissen

Materialauswahl

Für ein Kissen eignet sich ein gut waschbares, glattes Gewebe mit einer mittleren Strapazierfähigkeit. Bei der Muster- und Farbauswahl sollten die Umgebung, der Raum, das Sofa und dergleichen berücksichtigt werden.

Zuschneiden

Stoff 90 cm zu 45 cm zuschneiden.
Ein Rest von ca. 50 cm zu 45 cm bleibt übrig.

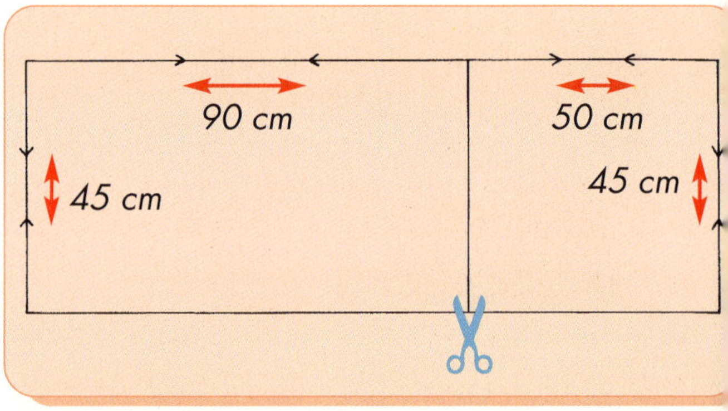

Näharbeiten

- Die beiden Säume für die Knopflochleiste an den beiden schmalen Kanten vorbereiten: Einbug 1 cm, Umbug 3 cm messen, markieren und auf die linke Stoffseite bügeln und feststecken.

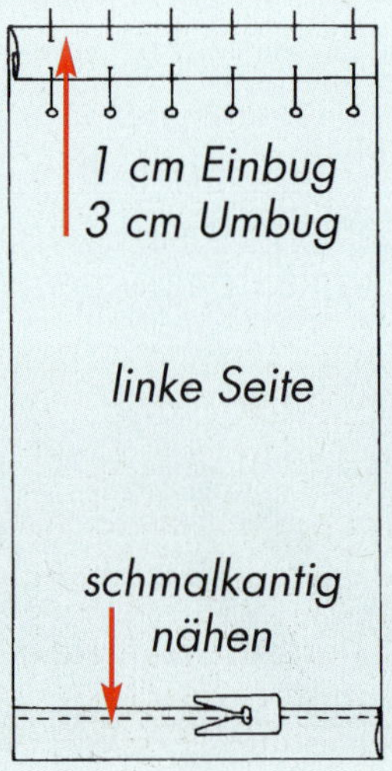

Näharbeit Kissen

- Beide Säume mit der Nähmaschine schmalkantig nähen.
- Die Einschlaghöhe der Knopfleiste (ca. 8 bis 10 cm von der unteren Kissenkante) nach oben bügeln und den zweiten Saum oben auflegen, feststecken und das Kissen bügeln. Die Kissenvorder- und -rückseite liegen links auf links zusammen.

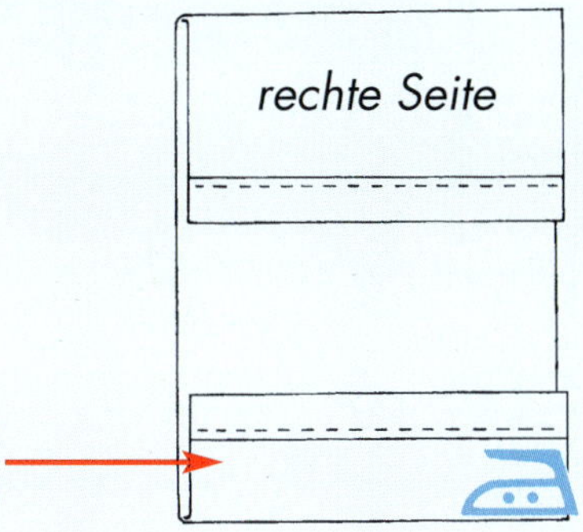

- Beide Seitennähte stecken und „nähfüßchenbreit" nähen. Dies ist der erste Teil einer „Doppelnaht" oder auch „Rechts-Links-Naht" genannt. Die Nahtzugaben bis zur Hälfte zuschneiden. Das Kissen auf die linke Stoffseite wenden. Die Seitennähte bügeln, stecken und nochmals „nähfüßchenbreit" nähen. Das Kissen wieder auf die rechte Stoffseite wenden und bügeln.

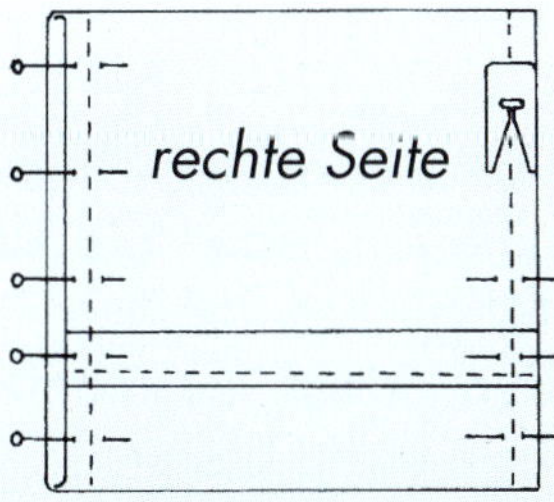

1. Teil Doppelnaht

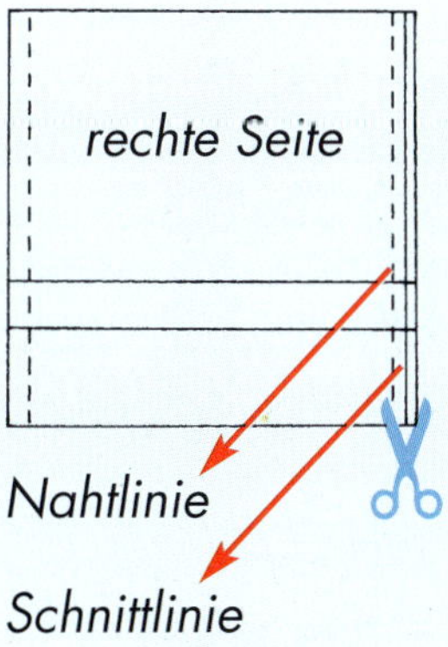

2. Teil Doppelnaht

- Die Knopflöcher in der Knopflochleiste einteilen und anzeichnen. Den Durchmesser des Knopfes abmessen plus 3 mm dazugeben.

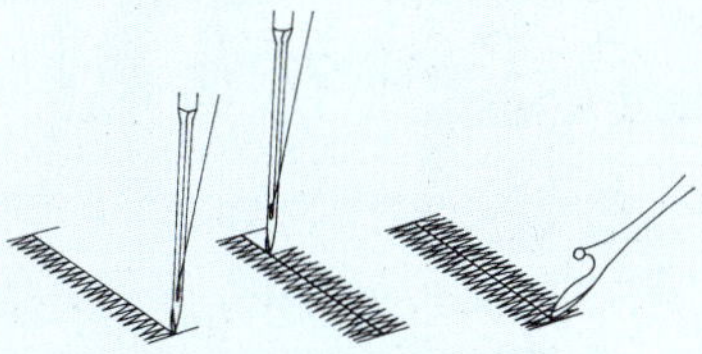

Knopflöcher nähen

- Unbedingt ein Probeknopfloch auf einem Extrastoffstück mit der Nähmaschinen nähen und ausprobieren, ob der Knopf gut durchzuknöpfen ist! Dann die Knopflöcher am Kissen nähen.
- Die Knöpfe annähen.

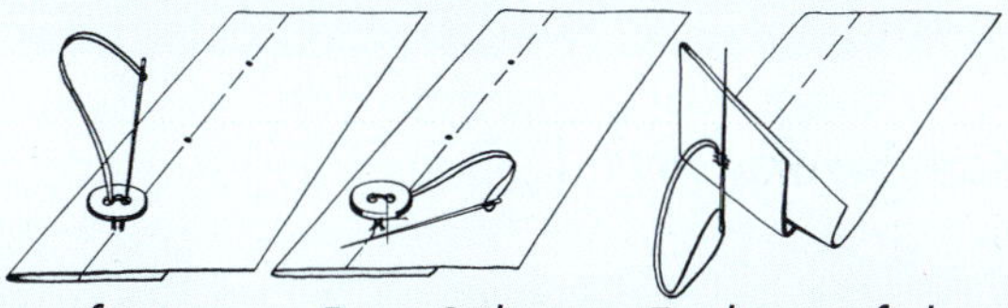

Knopf mit doppeltem Faden annähen — *Den Stil mit dem Nähfaden umwickeln* — *Faden auf der Unterseite in den Nähstichen vernähen*

Weitere Möglichkeiten:

Auch eine einfache Naht ist für das Zusammennähen geeignet. (Der Stoff liegt dann rechts auf rechts!). Dann sollte aber die Nahtzugabe mit Zickzackstich versäubert werden!

Statt Knopflochleiste ist auch ein Reißverschluss, ein Klettverschluss oder ein „Hotelverschluss" möglich.

Bindebänder als Verschluss

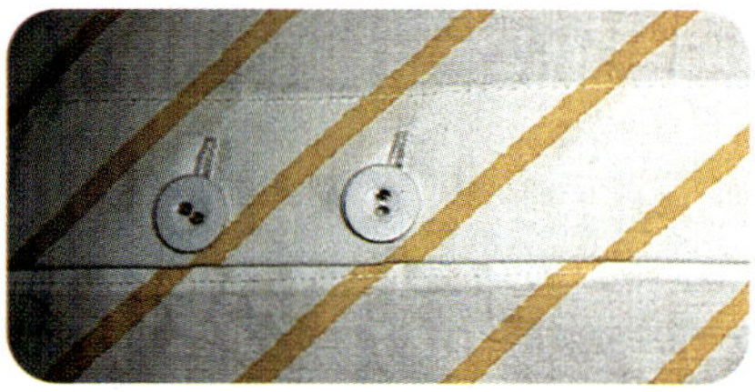

Eine andere Knopflocheinteilung

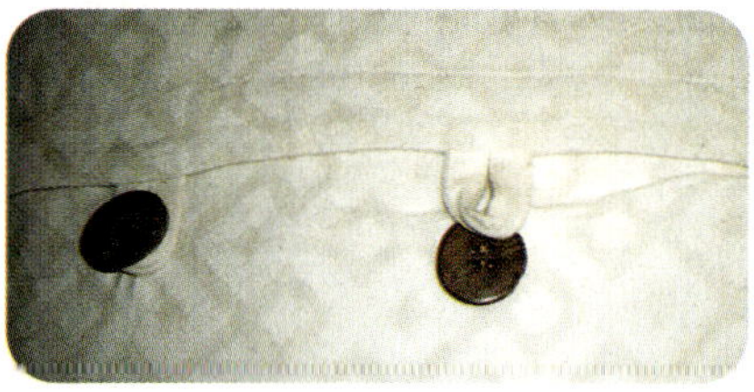

Schlinge als Verschluss

Näharbeit Schürze

Schürze

Materialauswahl

Das textile Material für eine Schürze sollte in der Maschine waschbar, gut zu bügeln und Schmutz abweisend sein sowie ein gewisses Maß an Strapazierfähigkeit aufweisen. Empfehlenswerter ist ein farbiger Baumwollstoff oder ein Baumwollmischgewebe mit folgenden Pflegekennzeichen:

Normalwaschgang — *heiß bügeln* — *normales Trocknen (Wäschetrockner)*

Materialberechnung

1 m Stoff für eine Latzschürze mit Tasche, Träger und Bändern bei einer Stoffbreite von 1,20 m oder 1,40 m. Für eine Halbschürze rechnest du einmal die Schürzenlänge, z. B. 50 cm oder 60 cm. 1 m gefalzten Schrägstreifen in 3 cm Breite und farblich passendes Nähgarn für die Latzschürze.

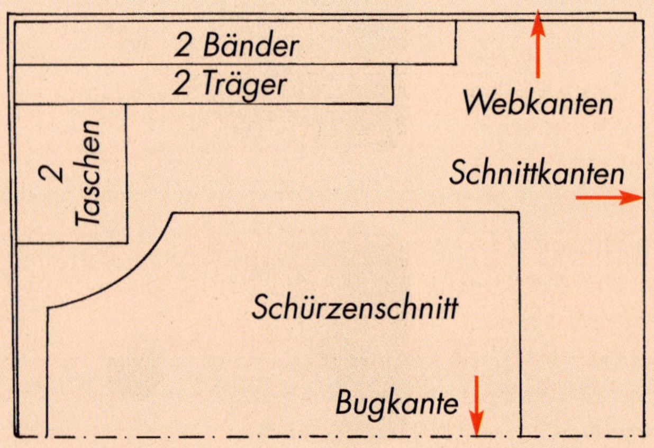

Zuschneiden

Bei der Latzschürze verwendest du am besten einen Schnitt oder eine Schablone von einem fertigen Schürzenmodell. Den Stoff so zusammenlegen, dass die linke Stoffseite außen ist und die Bugkante längs im Fadenverlauf liegt.

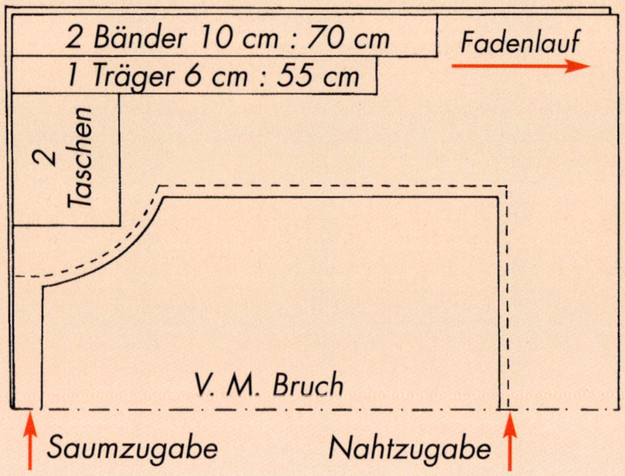

Den Schnitt, der immer nur die halbe Schürze zeigt, an der Bugkante anlegen, feststecken, Naht- und Saumzugaben anzeichnen. Für die Bänder 10 cm in der Breite und 70 cm in der Länge anzeichnen. Der Träger wird nur einmal benötigt – in 6 cm Breite und ca. 54 cm Länge. Ein oder zwei Schürzentaschen in der gewünschten Größe aufzeichnen (z. B. 25 cm Breite und 22 cm Höhe mit Saumzugabe).

Beachte: Fadenlauf und die Richtung der Stoffmusterung beim Zuschneiden beachten! Immer die großen Teile zuerst auflegen, dann die kleinen Teile aufzeichnen! Möglichst sparsam im Stoffverbrauch zuschneiden, dass zusammenhängende, größere Stoffreste übrig bleiben.

Näharbeiten

- Den ***Träger*** rechts auf rechts, Kante an Kante, der Länge nach zusammenlegen, bügeln und stecken.

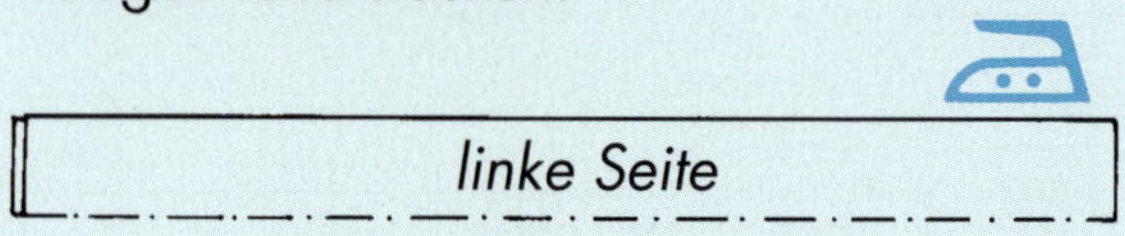

Träger rechts auf rechts ...

Näharbeit Schürze

- An der schmalen Seite mit dem Zusammennähen beginnen, dann in einem Arbeitsgang die lange Seite weiter „nähfüßchenbreit“ nähen.
- Mithilfe eines Rundholzes, z. B. Kochlöffelstiel oder Bleistift, den Träger auf die rechte Seite wenden und bügeln.

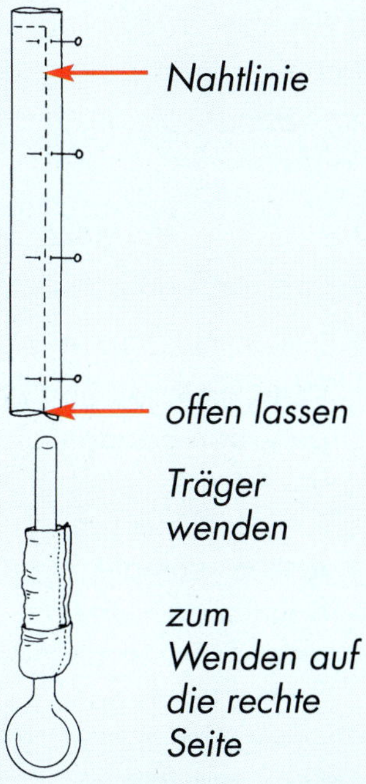

- Beide ***Bänder*** in der Längsrichtung rechts auf rechts legen und bügeln wie beim Träger. Die Bänder werden genauso genäht wie der Träger. Allerdings sind bei der Bänderspitze verschiedene Variationen möglich.
- Der ***Besatz am Schürzenlatz*** kann aus dem Reststoff, einem anderen farblich passenden Stoff oder einer Spitzenborte zugeschnitten werden. Er sollte 6 cm breit und mindestens 2 cm länger sein als die obere Latzkante, z. B. 32 cm lang.

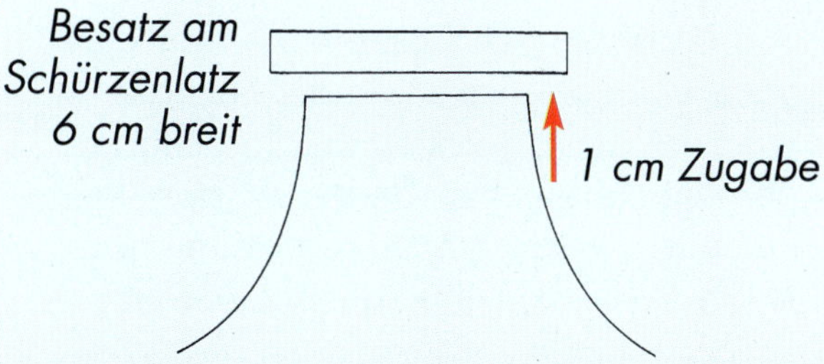

- Den Träger auf die linke Seite des Schürzenlatzes, ca. 1 cm von den Seitenkanten entfernt, anstecken.

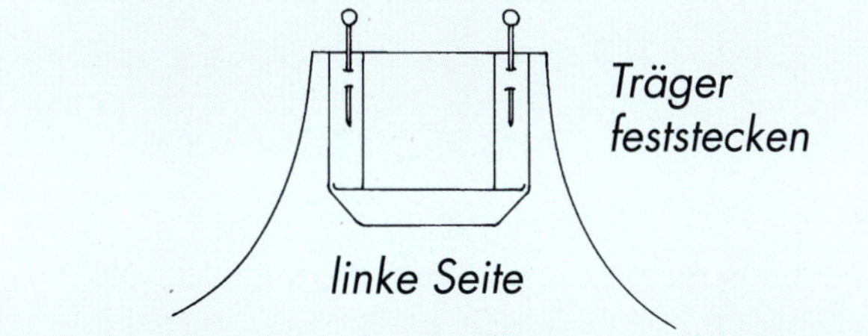

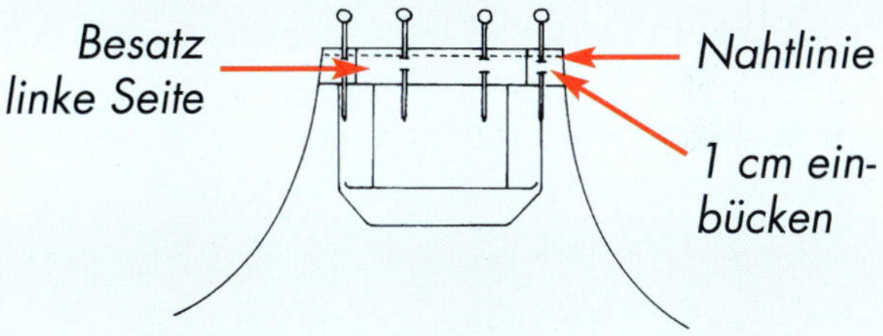

Den Besatz mit der rechten Seite darauf legen, die Zugaben (1 cm rechts und links) nach oben einschlagen, kantengleich feststecken. Nähfüßchenbreit mit der Maschine annähen.

- Den Besatz nach oben bügeln und auf die rechte Schürzenseite umbügeln. Die untere Besatzkante 1 cm einschlagen, bügeln und feststecken, dann schmal an der Kante annähen.

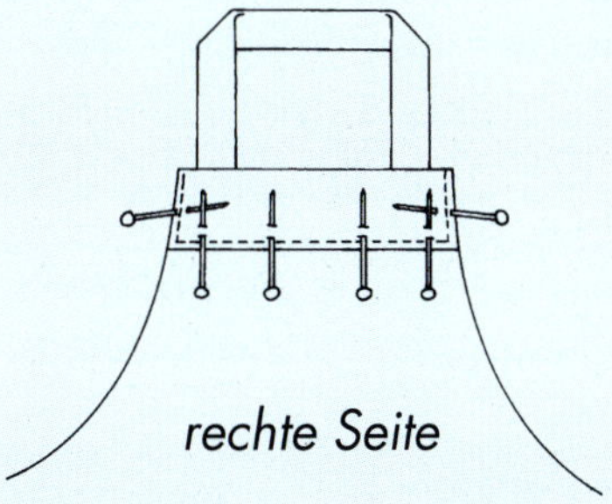

- An den beiden Latzrundungen zum Rockteil hin wird ein ***Schrägstreifenbesatz*** gearbeitet. Den aufgeklappten Schrägstreifen auf die linke Schürzenseite kantengleich aufstecken. Am Anfang

Näharbeit Schürze

und Ende des Schrägstreifens ca. 1 cm nach oben einbücken. In der Falzlinie wird der Schrägstreifen an die Schürze genäht. Dabei ist zu beachten, dass keine Falten, weder im Schrägstreifen noch in der Schürze, mit eingenäht werden!

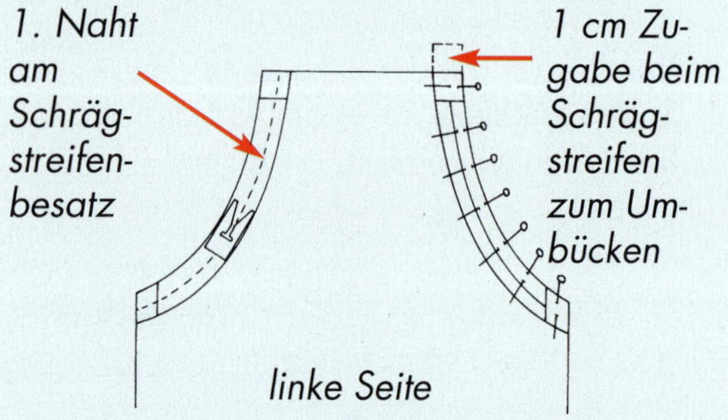

- Den Schrägstreifen nach oben und auf die rechte Schürzenseite bügeln.
- Den zweiten Falz am Schrägstreifen einschlagen, an der Schürze feststecken, heften und mit der Maschine schmalkantig annähen.

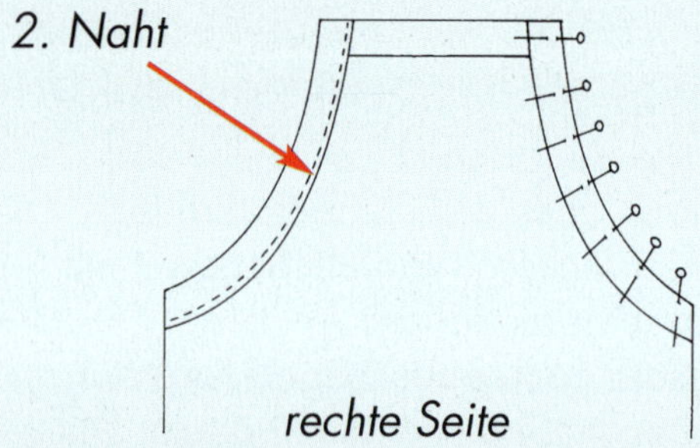

- Am Rockteil wird ein schmaler, ca. 1 cm breiter ***Saum*** an allen 3 Seiten vorbereitet. Für den Einbug 1 cm messen, markieren, auf die linke Schürzenseite bügeln, den Umbug nochmals in der gleichen Breite um den Einbug bügeln und stecken.
- Die Säume am Rockteil schmalkantig nähen.
- ***Annähen der beiden Bänder*** am Rockteil der Schürze: Die schmale, offene Seite des Bandes auf der

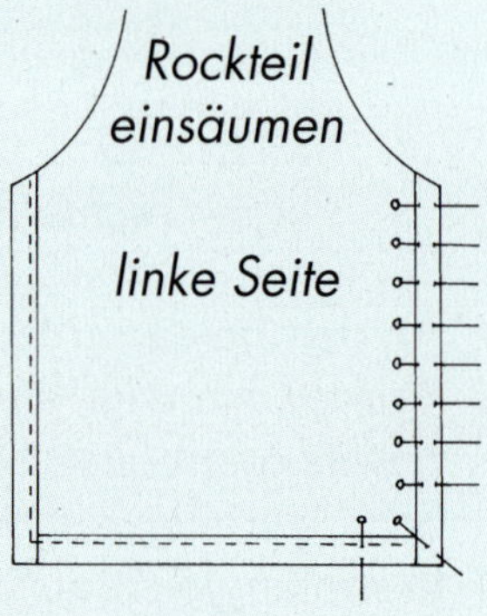

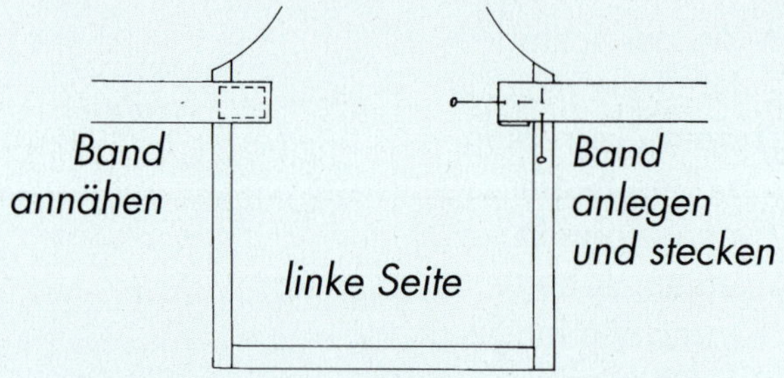

linken Seite der Schürze bis zur Saumkante anlegen und dann nach außen legen, den Bandansatz feststecken und im Viereck annähen.

- An der ***Schürzentasche*** schmale Säumchen vorbereiten. Die obere Eingriffkante entweder mit einem Schrägstreifenbesatz, einem geraden Besatz, mit einer Spitzenborte oder mit einem 2 cm breitem Saum einfassen.

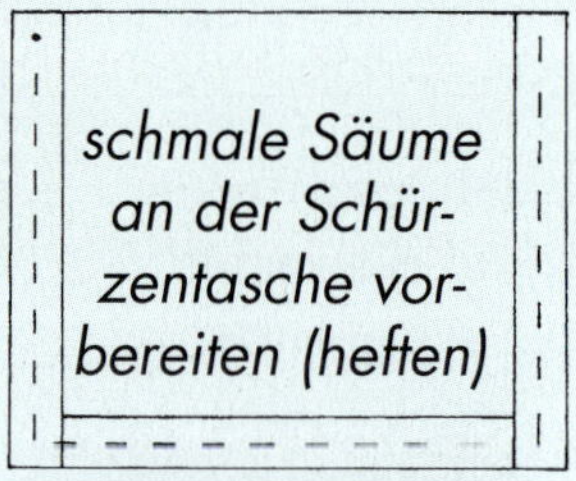

- Beim ***Aufsetzen der Schürzentasche*** gibt es verschiedene Möglichkeiten: an der rechten Rockseite, in der Mitte des Schürzenrockes oder bei zwei Taschen jeweils rechts und links. Eine doppelte Steppnaht – zuerst schmalkantig und dann nähfüßchenbreit – sieht einerseits schön aus und befestigt zugleich die kleinen Säumchen an den Taschen.

Schürzentaschen – Eingriffkante unterschiedlich gestaltet

Näharbeit Mütze

Mütze

Materialauswahl

Für eine Mütze sollte das textile Material folgende Eigenschaften haben: warm, weich, dehnbar und „atmungsaktiv“ (durchlässig für Luft und Wasserdampf, z. B. Schweiß). Zur Auswahl stehen gewirkte Wollstoffe wie Jersey (= Maschenware), aufgeraute Baumwollmischgewebe oder moderne Fleecestoffe aus Chemiefasern.

All diese Stoffe sind relativ dick und flauschig und fransen an den Schnittkanten nicht aus. Für die Nähmaschine gibt es spezielle Jerseynähnadeln mit einer runden Spitze, sie verhindern, dass im gewirkten Stoff Löcher zurückbleiben.

Materialberechnung

Der Materialverbrauch richtet sich einerseits nach dem Kopfumfang und andererseits nach der gewünschten Mützenform, z. B. eine eng anliegende Kappe, eine Mütze mit langen Fransen oder die extrem lange „Zipfelmütze“.

Der gemessene Kopfumfang plus 2 cm Nahtzugabe ergibt die Breite (z. B. 58 cm + 2 cm = 60 cm). Die gewünschte Höhe plus ca. 4 cm Saumzugabe (z. B. 34 cm + 4 cm = 38 cm oder mit Fransen 60 cm).

Zuschneiden

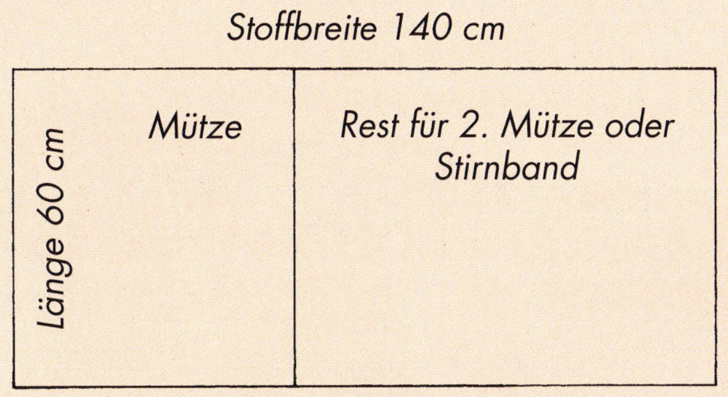

Näharbeiten

- Den Stoff rechts auf rechts zusammenlegen, stecken und mit einer einfachen Naht schließen.

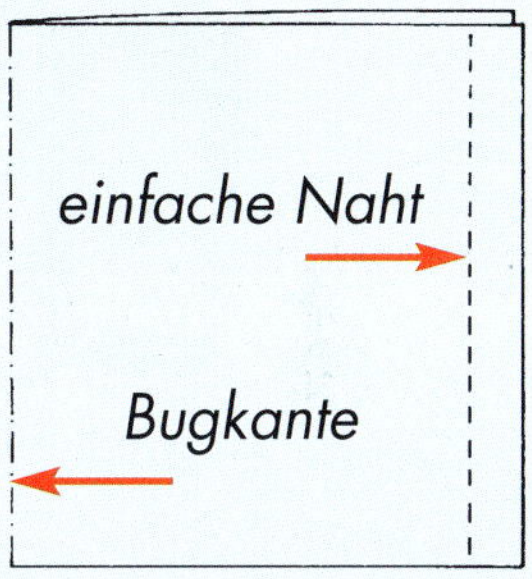

- Am unteren Rand einen 3 cm breiten Saum nähen.

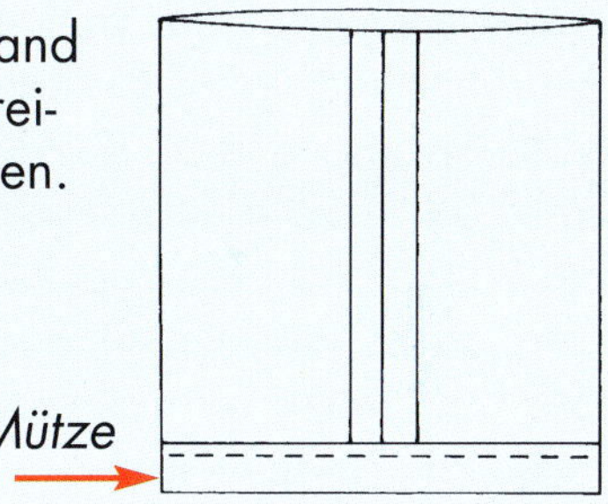

- Je nach gewünschter Mützenform oben nach der Kopfform zunähen, oder ca. 16 cm lange und 3 cm breite Fransen einschneiden und mit einem Band zusammenbinden.

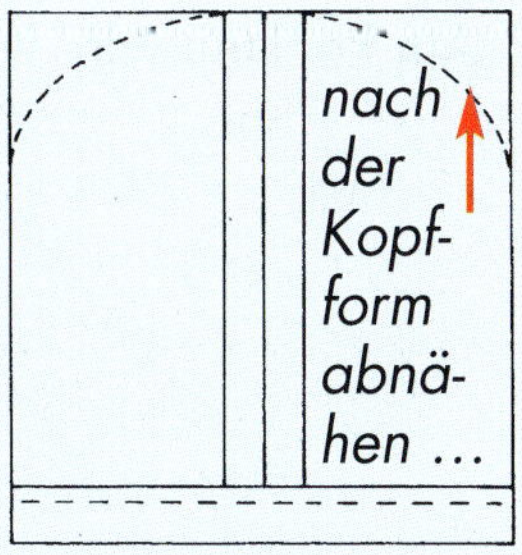

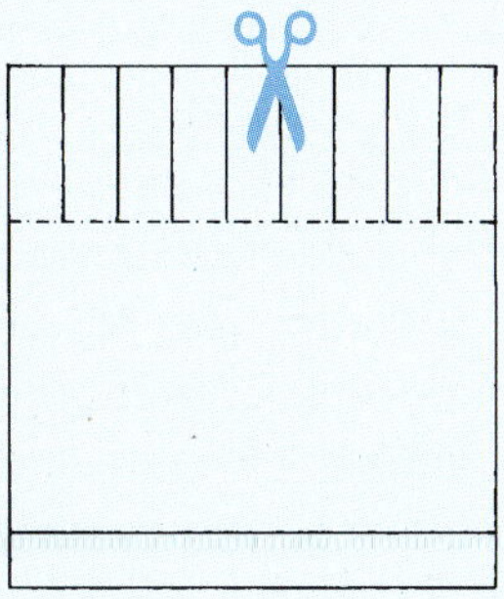

Zuschneide- und Nähregeln

Beachte: Der Mützenstoff ist relativ dick, besonders bei den drei Stofflagen des Saumes solltest du sehr langsam mit der Maschine nähen. Durch Ziehen und Schieben dieses dehnbaren Materials beim Nähen entstehen sonst leicht unerwünschte Falten!

...langsam mit der Maschine nähen

Die Mützen passen, wärmen und sehen gut aus

Merke:

Zuschneideregeln: Den Stoff doppelt legen bei der Verwendung von Schnitten, die nur das halbe Maß haben, wie z. B. der Schürzenschnitt. Die linke Seite sollte außen sein zum Anzeichnen von Nahtlinie und Nahtzugaben. Der Stoffbruch, die Bugkante, kann verschieden gelegt werden, um beispielsweise ein sparsames Auflegen des Schnittes zu ermöglichen.

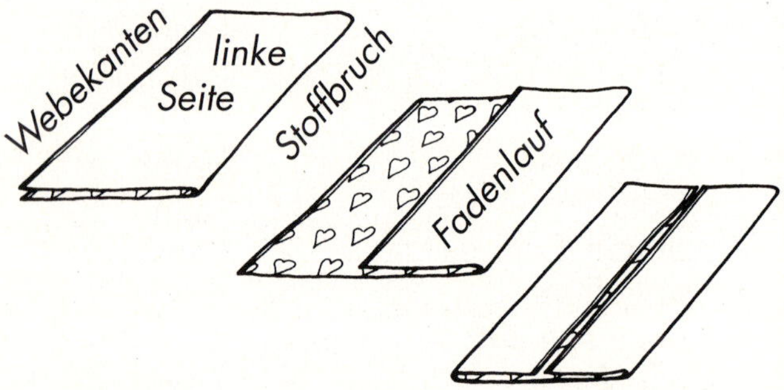

Fadenlauf (= Richtung des Kettfadens im Gewebe), Richtung des Musters und Strichrichtung sollten übereinstimmen. Immer zuerst die großen Teile auflegen. Naht- und Saumzugaben anzeichnen! Nahtlinien markieren! Mit der Zuschneide- oder Stoffschere glatt und gerade schneiden!

Nähregeln: Stoffteile kantengleich und glatt zusammenlegen. Die Stecknadeln quer zur Nahtlinie befestigen, damit bei geraden Nähten die Maschine darüber nähen kann.

Stecknadeln quer zur Nahtlinie befestigen

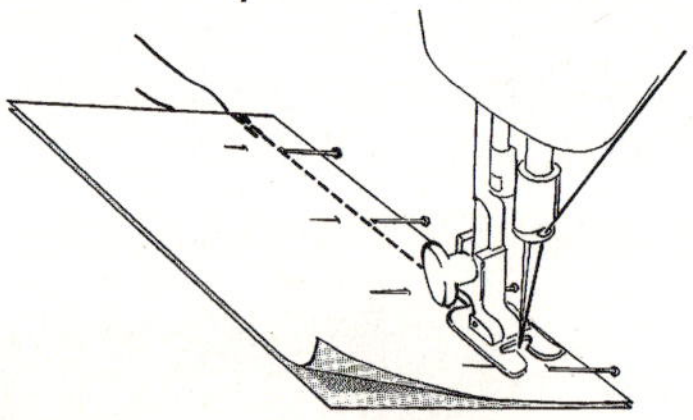

Das „füßchenbreite Nähen" hilft dir beim Geradenähen und beim Einhalten der Nahtbreite.

Das „füßchenbreite" Nähen ...

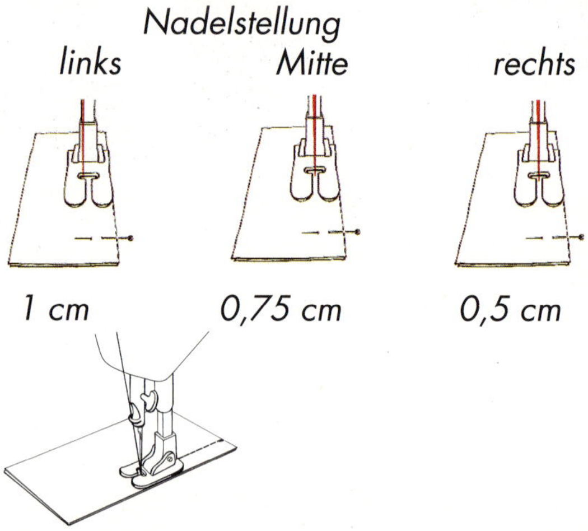

Bei dünnen Stoffqualitäten ist eine Doppelnaht praktisch und haltbarer als eine einfache Naht.

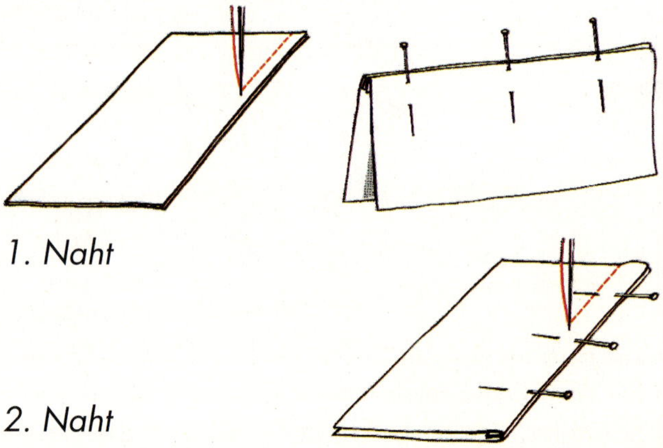

Nähtechniken/Gestaltung

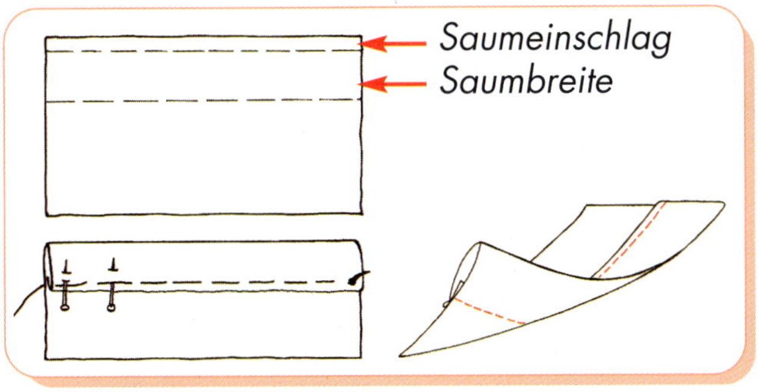

Zur Vorbereitung eines Saumes ist genaues Messen und Markieren wichtig. Das anschließende Umbücken und Bügeln ist bei den meisten Stoffen sehr hilfreich, denn der Saum liegt so glatt und flach zum Nähen bereit.

Nähtechniken – Begriffe

Verbindungsnähte	*Begrenzungsnähte*
die einfache Naht	der Saum
die Doppelnaht (Rechts-Links-Naht)	der gerade Besatz (an geraden Kanten)
die Flachnaht (Jeansnaht)	der Schrägstreifenbesatz (an gebogten Kanten)

Für besondere Näharbeiten, wie ***Nähen von Knopflöchern,*** haben die modernen Nähmaschinen Extraprogramme und entsprechende Nähfüßchen.
Auch zum Einnähen eines Reißverschlusses musst du das Nähfüßchen auswechseln.

Nähfuß für Knopflöcher

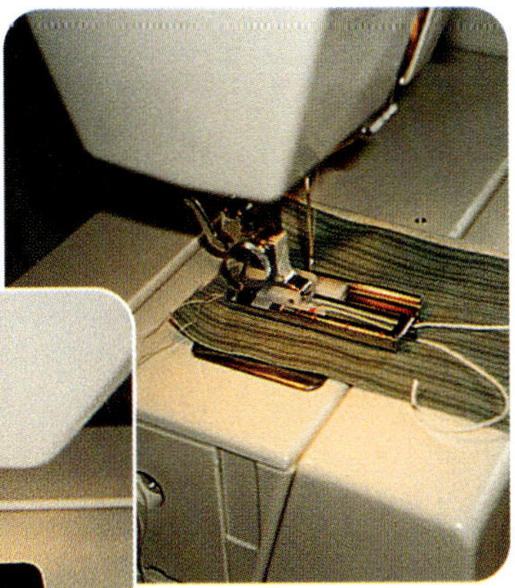

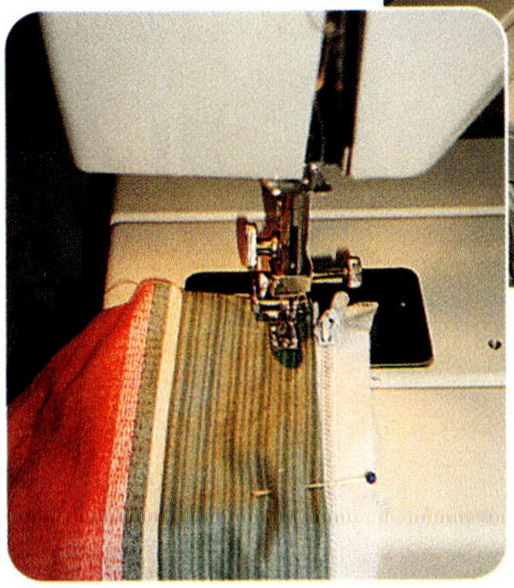

... für Reißverschluss

Gestaltungsmöglichkeiten

- durch das ***textile Material,*** z. B. glattes, glänzendes, mattes, farbiges, gemustertes Gewebe, Gewirke, Vlies oder Materialmix.

Verschiedene Stoffe für die Seitentaschen in Patchworktechnik

Materialmix (Textil und Leder)

- durch ***den Schnitt,*** z. B. einfach, zweckentsprechend oder individuell mit Extrataschen, Falten, Besätzen wie Schrägstreifenbesatz oder geradem Besatz.
- durch ***Verzierungen*** wie Knöpfe, Nieten, Reißverschlüsse, Schließen, Bänder, Applikationen.

mit Besätzen und Applikationen

Gestaltungsmöglichkeiten

Gegenstände

Accessoires: Tasche, Beutel, Rucksack, Gürteltasche
Kleidungsstücke: Schürze, Mütze

Mützen mit selbst gefilzten Applikationen

Stirnband und Rucksack aus einer alten Jeanshose

Gürteltaschen

Raumtextilien: Kissen, Decke, Vorhang

Aus „Alt mach Neu“!

Aus einer alten Jeans wird ein Rucksack und eine Gürteltasche.

Geschichtlicher Rückblick

Fächerverbindung

Das älteste Accessoire (= französisch, bezeichnet modisches Zubehör, wie Gürtel, Tasche, Schuhe usw.) in der Geschichte der Mode soll der Gürtel gewesen sein, der das Gewand zusammenhält. Die Sammler von Beeren, Kräutern, Pilzen und auch die Jäger hatten dann textile Behälter zum Transportieren und Aufbewahren. Das Material, die Form und die Gestaltung der Beutel, Taschen und Säcke waren geprägt von der Funktion, dem Verwendungszweck und dem Zeitgeist, der jeweiligen Mode.
Wir unterscheiden die „Gewandtasche“, die im süddeutschen Raum auch als „Sack“ bezeichnet wird – wie z. B. der Hosensack, die Hosentasche – und die Tragetasche als Behälter für persönliche Gegenstände.

Rückblick Geschichte

In der Antike wurde der Geldbeutel (die Geldtasche) am Gürtel befestigt. Im Mittelalter gab es sowohl für Männer als auch für Frauen den Beutel, auch die Almosentasche genannt. Männer trugen um das Jahr 1000 eine flache Ledertasche mit Deckel am Gürtel. Im 14. Jahrhundert wurden Tasche und Gürtel unter dem Obergewand getragen. Durch einen senkrechten Schlitz auf der Seite des Obergewandes konnte man hineingreifen. Die Tasche aus Leder oder Stoff, mit Metallbügel und Stickereien verziert, setzte sich im 16. Jahrhundert durch. Beutel wurden meistens am Gürtel befestigt. Die Männer hatten dann schon Gewandtaschen und außerdem separate Jagd- und Satteltaschen. Für Dokumente, Briefe und Geldscheine verwendete man flache Taschen in Kuvertform. Ärzte, Beamte und Kaufleute trugen im 19. Jahrhundert längliche, bauchige Bügeltaschen. Damen bevorzugten das „Ridicule" (auch Reticule oder Ritikül geschrieben).

11. Jh. – 12. Jh.

Gürteltasche

14. Jh.

etwa 1800 – 1820

Dame im Hemdkleid mit Handschuhen, Schal „Pompadour" und „Knicker". Griechenfrisur

Herr mit Spenzer, Zylinder und Stiefeln

Biedermeier

Bayerische Tracht

Je selbständiger die Frauen wurden, desto mehr setzten sich Gewandtaschen und verschiedene Tragetaschen durch, ebenso große Reisetaschen aus Segeltuch, bestickte Gobelintaschen mit Bügel und die alltägliche Handtasche – die bei einer Dame farblich immer passend zur Kleidung sein musste –, Abendtaschen für den Theaterbesuch, Schminktaschen und diverse Beutel. Das Geld verstaute man in einer Geldbörse, einem Geldtäschchen, dem Portemonnaie.

Abendtaschen

Geldbeutel

Beutel in Makrameetechnik geknüpft

Handarbeitsbeutel, bestickt

Samttasche mit Metallbügel

Aus Amerika kamen die Plastikbeutel, die heute aus Umweltgründen von einfachen Stofftaschen ersetzt werden. Der Rucksack wird heute in allen Größen, Formen und Materialien als praktischer Behälter getragen. Auch die Gürteltasche feiert ein „Comeback", denn Wertsachen wie Ausweis, Geld, Schlüssel usw. sind eng am Körper sicher aufgehoben.

Zusammenfassung

Fächerverbindung

Folgende Redewendungen sind in Verbindung mit textilen Behältern wie Sack, Beutel und Tasche gebräuchlich:

„Die Katze nicht im Sack kaufen"

„Die Katze aus dem Sack lassen"

„Jemanden in den Sack stecken"

„Mit Sack und Pack abziehen"

„In eine Sackgasse geraten"

„Das letzte Hemd hat keine Taschen"

„ ... sich die Taschen füllen"

„Jemanden in die Tasche stecken"

„Sich in die eigene Tasche lügen"

„Einem armen Mann in die Tasche greifen"

„Mit den Taschen voller Geld kommt man um die ganze Welt"

„Einem das Geld aus der Tasche ziehen"

„Einem auf der Tasche liegen"

„Der lässt sich nicht in die Taschen schauen"

„Das ist Beutelschneiderei"

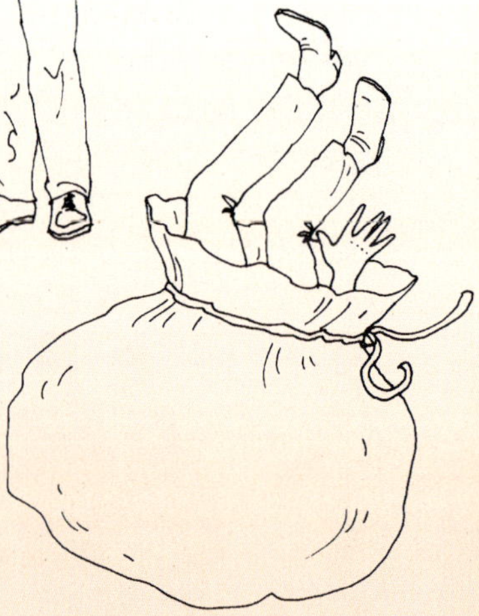

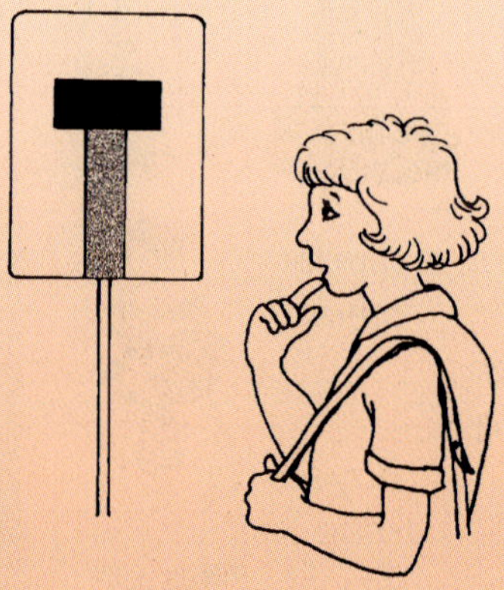

☞ Arbeitsauftrag

Sprich über die Bedeutung dieser Redewendungen! Vielleicht kennst du noch weitere Sprichwörter.

Sachwortverzeichnis

Sachwortverzeichnis

Sachwortverzeichnis

Bildquellen

Grafiken
T. Kallmünzer, Nürnberg

Fotos
M. Wollstein-Spatz und H. Spatz, Weßling
Archiv Verlag Handwerk und Technik, Hamburg
Deutsches Museum, München, S. 2
WEMA GmbH, Nürnberg, S. 38